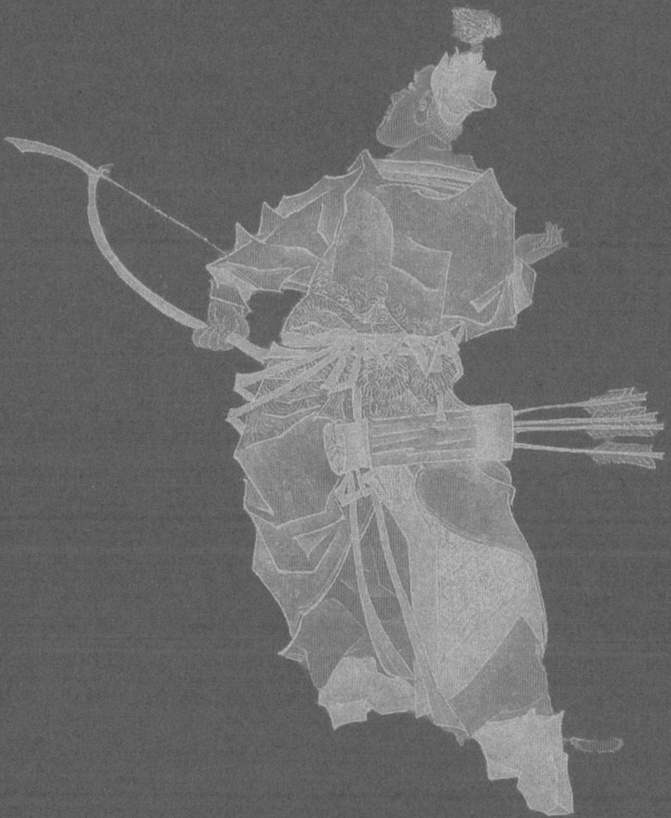

고사성어가 열리는

천자문 나무

팬더 컬렉션 / 엮음

圖書出版 明文堂

머리말

요즈음 우리나라에서는 2천여 년 동안 사용해왔던 한자가 반세기도 채 안 되는 기간에 완전히 외국어가 되어버린 듯한 생각이 든다. 한글 전용정책과 서구학문에 지나치게 경도되어 한학을 공부하는 학문의 맥이 끊어지다시피 한 것이다.

우리말에서 한자어의 비중이 절대적이므로 한자어의 정확한 뜻을 이해하기 위해 한자를 함께 표기하는 건 중요하다. 표준국어대사전에 실린 표제어 약 51만개 가운데 한자어는 58.5%로 한글 고유어(25.5%)의 두 배가 넘는 것이 현실이다.

이제 중국은 그 옛날 대국의 명성을 다시 찾아가며 마침내는 미국 다음가는 경제대국으로 부상하고 있다.

지금껏 우리나라에서는 공공연히 영어의 공용화 주장까지 나오는 판에 제2의 우리글이기도 하였던 한자를 병행해서 사용하지 못할 이유가 무엇인가? 중국이 세계 최대 경제대국이 되는 것도 시간문제인 지금에 와서 조금만 더 관심을 기울여 공부하면 2천 년을 사용해 왔던 한자를 더욱 친숙하고 쉽게 이해할 수 있지 않을까?

한글은 세종대왕께서 창제한 세계에서도 가장 훌륭한 우리글임은 누구나 다 알고 있다. 한글과 한자는 상호보완적인 관계라 할 수 있다. 한글은 음을 표기하는 데 탁월한 기능을 가지고 있고, 한자는 뜻을 나타내는 데 뛰어난 기능이 있으므로 한글과 한자를 나란히 씀으로써 낱말에 대해 다시 한 번 생각하게 하는 여지를 남기고 생각하는 습관을 기르게 한다. 따라서 이 둘을 함께 쓰면 금상첨화(錦上添花)일 것이다.

그런데 참으로 놀랍게도 한자 또한 고대 우리 민족이었던 동이족(東夷族)이 만들었다는 주장이 제기되고 있다.

중국의 일부 유명 학자들까지도 한자라는 뜻글자를 창제한 민족이 동이족임을 밝히고 있다. 주역의 괘(卦)를 만든 복희씨가 동이족이고, 최초의 한자라고 일컬어지는 갑골문자 또한 동이족이 세운 은(殷)나라의 문자이기 때문이다. 또한 낱글자 속에 담긴 상수리(象數理)의 이치에 의해 동이족이 한자를 만들었음을 밝혔다.

어느 영문학자는 "영어를 무분별하게 사용함으로써 한글문화가 천박해졌다는 소리는 들어보았으나, 한자를 사용해서 한글의 수준이 낮아졌다는 얘기는 들어보지 못했다."고 말하고 있다.

천자문 대서사시(大敍事詩)

《천자문(千字文)》은 흔히 한문을 처음 배우는 사람을 위한 입문서로 알려져 있지만, 그 내용은 단순한 교습서를 넘어 우주와 자연의 섭리, 인간의 도리와 처세의 교훈 등 삼라만상을 함축하여 망라하고 있다.

《천자문》은 중국 남조(南朝) 양(梁)나라 무제 때의 관료인 주흥사(周興嗣, 470?~521)가 글을 짓고 동진(東晉)의 왕희지(王羲之)의 필적 중에서 해당되는 글자를 모아 만들었다고 하며, 사언고시(四言古詩) 250구(句), 합해서 1,000자가 각각 다른 글자로 되어 있다.

황제의 명으로 주흥사가 이 글을 하룻밤 만에 지은 뒤 머리가 하얗게 셌다는 전설과 함께 「백수문(白首文)」이라는 별칭이 있다.

내용은 「천지현황(天地玄黃)」에서 시작하여 「언재호야(焉哉乎也)」로 끝난다. 당나라 이후 급격히 보급되어 많은 서가(書家)에 의하여 써졌으며, 그 중에서도 습자교본으로 가장 유명한 것은, 왕희지의 7대손 지영(智永)이 진서(眞書 : 楷書)와 초서(草書) 두 체로 쓴 《진초천자문(眞草千字文)》본으로 1109년에 새긴 석각(石刻)이 전하고 있다.

천자문이 한국에 전해진 연대는 확실치 않으나 백제 때 왕인(王仁)이 《논어(論語)》 10권과 함께 이 책 1권을 일본에 전했다는 기록으로 보아 이보다 훨씬 전에 들어온 것으로 추측된다.

우리나라에서 가장 널리 알려진 천자문은 명필 한호(韓濩, 호는 石峯)의 글씨로 1583년 서울에서 간행된 《석봉천자문》이다.

천자문을 배우는 데 있어, 막연히 그냥 외우는 것은 무척 지루할 뿐더러 이해하기도 쉽지 않다. 그래서,

「천자문을 어떻게 하면 재미있고 쉽게 배울 수 있을까?」 하고 생각한 끝에 천자문과 아울러, 교훈·경구·비유·상징어 및 관용구나 속담 등으로 사용되어 일상 언어생활에서의 표현을 풍부하게 해주는 촌철살인의 명언 「고사성어」를 연결해서 공부하면 어떨까 하는 생각에서 《고사성어가 열리는 **천자문 나무**》라는 책을 만들어 보았다.

「천자문 나무」에는 1,000개의 천자문에 가까운 글자 수만큼의 고사성어가 열려 있다. (*글자의 특성상 고사성어가 아닌 단어인 경우도 극히 드물지만 포함되어 있다)

아래 <천자문 나무>는,

「자기 몸을 살펴 남이 나를 비방하는지 조심하고,
임금의 사랑이 더할수록 항거심이 극에 달할 것이니 조심하라」

성궁기계 총증항극
省躬譏誡 寵增抗極

이렇게 4언고시로 된 천자문 한 자 한 자마다 고사성어가 연계되어 있음으로 해서 이 나무 전체를 머릿속에 기억하는 방식으로 「천자문」과 「고사성어」를 함께 기억할 수 있는 일석이조의 공부 방법인 것이다.

목차

흔 주 루 견 척 사 환 초
94. 欣奏累遣 慼謝歡招 : 기쁜 일은 아뢰고 근심은 흩어 버리며, 슬픔이 사라지고 즐거움이 손짓하여 부른다 / 72

흔 희 작 약 / 흔 주 누 견 / 누 란 지 위 / 정 서 이 견 / 척 사 환 초 / 고 두 사 은
{欣喜雀躍 / 欣奏累遣 / 累卵之危 / 情恕理遣 / 慼謝歡招 / 叩頭謝恩
숙 수 지 환 / 초 요 과 시
/ 菽水之歡 / 招搖過市}

거 하 적 력 원 망 추 조
95. 渠荷的歷 園莽抽條 : 도랑의 꽃은 빛이 또렷하고, 동산의 잡초는 죽죽 뻗어 우거졌다 / 80

수 도 거 성 / 적 반 하 장 / 궁 적 상 적 / 봉 두 역 치 / 도 원 결 의 / 초 망 지 신
{水到渠成 / 賊反荷杖 / 弓的相適 / 蓬頭歷齒 / 桃園結義 / 草莽之臣
원 망 추 조 / 금 과 옥 조
/ 園莽抽條 / 金科玉條}

비 파 만 취 오 동 조 조
96. 枇杷晩翠 梧桐早凋 : 비파나무 잎사귀는 늦도록 푸르고, 오동나무 잎사귀는 일찍 시든다 / 90

건 곤 일 척 / 관 포 지 교 / 능 서 불 택 필 / 도 불 습 유 / 마 상 득 지 / 부 형 청 죄
{乾坤一擲 / 管鮑之交 / 能書不擇筆 / 道不拾遺 / 馬上得之 / 負荊請罪 /
유 무 상 생 / 삼 촌 지 설
有無相生 / 三寸之舌}

진 근 위 예 낙 엽 표 요
97. 陳根委翳 落葉飄颻 : 묵은 뿌리는 말라 시들고, 낙엽은 바람에 흩날린다 / 120

진 승 오 광 / 반 근 착 절 / 진 근 위 예 / 항 룡 유 회 / 수 락 석 출 / 일 엽 장 목
{陳勝吳廣 / 盤根錯節 / 陳根委翳 / 亢龍有悔 / 水落石出 / 一葉障目
표 풍 부 종 조 / 낙 엽 표 요
/ 飄風不終朝 / 落葉飄颻}

유 곤 독 운 능 마 강 소
98. 遊鵾獨運 凌摩降霄 : 동천의 붉은 노을에 곤(鵾) 새만이 홀로 운회(運回)하면서 붉은 하늘을 업신여기듯 누비고 있다 / 132

어 유 부 중 / 유 곤 독 운 / 독 불 장 군 / 운 전 망 이 / 능 운 지 지 / 곡 격 견 마
{魚遊釜中 / 遊鵾獨運 / 獨不將軍 / 運轉亡已 / 凌雲之志 / 轂擊肩摩
능 마 강 소 / 소 양 지 판
/ 凌摩絳霄 / 霄壤之判}

千字文 나무

89. 省躬譏誡 寵增抗極 省躬讥诫 宠增抗极

성궁기계 총증항극

❶ 三省吾身 (삼성오신)

❷ 實踐躬行 (실천궁행)

❸ 續貂之譏 (속초지기)

❹ 十誡命 (십계명)

❺ 懷寵尸位 (회총시위)

❻ 寵增抗極 (총증항극)

❼ 不可抗力 (불가항력)

❽ 極樂淨土 (극락정토)

풀이

❶ 三省吾身(삼성오신) 叅省吾身 석 三 살필 省 나 吾 몸 身

참된 선비의 몸가짐, 마음가짐.

「날마다 세 번 내 몸을 살핀다」라는 뜻으로, 하루에 세 번씩 자신의 몸가짐을 살피고 반성한다는 의미로, 참된 선비의 몸가짐, 마음가짐을 이르는 표현이다.

증 자

춘추시대에 공자의 제자 증자(曾子)는 항상 자신이 한 일에 대하여 잘못한 점이 있는지를 반성하였다.

《논어》 학이편에서 증자는 이렇게 말했다.

「나는 매일 내 몸을 세 번 살핀다(吾日三省吾身). 다른 사람을 위해 일을 도모하는 데 충실하지 않았는지(爲人謀而不忠乎), 벗과 함께 사귀는 데 신의를 잃지 않았는지(與朋友交而不信乎), 스승에게 배운 것을 익히지 못하지는 않았는지(傳不習乎)」

증자의 말에서 나온 「삼성오신」은, 날마다 자기 스스로 행한 일 가운데서 남의 일을 정성을 다하여 도와주었는지, 친구에게 믿음이 가지 않은 행동을 하지는 않았는지, 스승의 가르침을 잘 따랐는지 등 의 세 가지를 반성한다는 말이다.

「일일삼성(一日三省)」과 같은 뜻이다.

❷ 實踐躬行 (실천궁행)

实践躬行 사실 **實** 밟을 **踐** 몸 **躬** 행할 **行**

말로 하지 않고 실천하며 남에게 시키지만 않고 몸소 행함.

❸ 續貂之譏 (속초지기)

续貂之讥 이을 **續** 담비 **貂** 갈 **之** 비웃을 **譏**

개꼬리로 귀한 담비꼬리를 잇는 것을 비웃는다는 뜻으로, 쓸모없는 사람에게 관직을 함부로 주는 것을 비웃는 말이다.

「구미속초(狗尾續貂)」와 같은 말이다.

조왕 사마윤

삼국시대 위(魏)나라 사마의(司馬懿)의 아들 사마윤(司馬倫)은 진(晉)나라 무제 사마염(司馬炎)의 숙부로 조왕(趙王)에 봉해졌다. 사마염이 죽은 뒤 그의 아들 사마충(司馬衷)이 혜제(惠帝)로 즉위하였으나, 사마윤이 곧 제위를 찬탈하였다.

사마윤은 정권을 장악한 뒤 권력을 남용하여 그의 친척과 친구들은 물론 노비와 시종들에게까지 관직을 주었다.

《진서(晉書)》 조왕윤전(趙王倫傳)에서는 이를 두고 이렇게 기술하고 있다.

「조회가 열릴 때마다 담비꼬리가 속출하였다(每朝會 貂尾續)」

당시에는 관리들이 착용하는 관모(官帽)에 담비꼬리를 장식하였다.

그런데 갑자기 관리들이 늘어나게 되어 담비꼬리가 모자라자 비슷한 개꼬리로 이를 대체하였다. 이에 사람들이 이렇게 조롱하였다.

「담비가 모자라니 개꼬리로 잇는구나(貂不足 狗尾續)」

여기에서 유래하여 「구미속초」라는 성구가 나왔는데, 즉 하잘것없는 개꼬리로 귀한 담비꼬리를 잇는 것과 마찬가지로, 어떤 일이 앞부분은 잘 되었으나 뒤가 잘못된 경우, 또는 인재를 제대로 등용하지 않고 쓸모없는 사람에게 관직을 맡기는 실태 등을 비유하는 말로 사용된다.

❹ 十誡命 (십계명) 十诫命

열 **十** 삼갈 **誡** 명할 **命**

하나님이 시나이 산(山)에서 모세를 통하여 이스라엘 백성들에게 주셨다는 열 가지 계명(Ten Commandments).

시나이 산

「모세의 십계(十誡)」 또는 「십계」로도 불리는데, 원래 두 개의 돌판에 새겨졌었다고 한다. 그 내용은 구약성서의 《출애굽기》 20장과 《신명기》 5장에 거의 비슷한 형태로 쓰여 있다.

이 계명은 후대 이스라엘의 모든 율법의 기초가 된 것으로, 이집트에서 탈출한 이스라엘 민족이 농경문화를 이루고 있던 가나안의 토착민들과의 대결에서 필연적으로 자기들의 사회의식·종교의식·윤리의식 등의 고유 전통을 보존하는 데 중요한 역할을 하였다.

이 십계명은 이스라엘 왕국시대는 물론, 초대교회 이후 오늘날까지도 모든 그리스도인들의 기본 생활규범이 되고 있다. 이 십계명이 새겨진 원래의 돌비는 후에 「언약의 궤(법궤)」에 담아 예루살렘 성전의 지성소에 간직되었다.

십계명의 주 내용은 다음과 같다.

① 야훼 이외의 다른 신을 섬기지 말라.

② 우상을 섬기지 말라.

③ 하느님의 이름을 망령되이 부르지 말라.

④ 안식일을 거룩히 지키라.

⑤ 너희 부모를 공경하라.

⑥ 살인하지 말라.

⑦ 간음하지 말라.

⑧ 도둑질하지 말라.

⑨ 이웃에 대하여 거짓증언을 하지 말라.

⑩ 네 이웃의 재물을 탐내지 말라.

❺ 懷寵尸位 (회 총 시 위) 怀宠尸位 품을 **懷** 총애할 **寵** 주검 **尸** 자리 **位**

총애를 품고 헛되이 자리에 있다는 뜻으로, 임금의 사랑을 믿고 물러가야 할 때에 물러가지 않고 직위를 도둑질하고 있음을 이르는 말로서,

진시황(秦始皇) 때 승상 이사(李斯)를 두고 하는 말이다. 《효경》 간쟁장(諫諍章)에서는 신하의 도리를 말하고 있다.

증자가 말했다.

「또한 자애와 공경 그리고 부모를 편안하게 하여 드리고 이름을 날림에 힘써야 함은 삼(參 : 증자의 이름)이 이미 익히 들었습니다. 감히 묻습니다. 자식으로서 아버지의 명령을 따르기만 하면 효도한다고 할 수 있겠습니까?」

이 사

공자가 말했다.

「그 무슨 말이냐, 그 무슨 말이냐! 옛날에 천자는 간쟁하는 신하 일곱을 두면 비록 자신이 무도하여도 그 천하를 잃지 않고, 제후는 간쟁하는 신하 다섯만 두면 비록 자신이 무도하여도 그 나라를 잃지 않고, 대부는 간쟁하는 신하 셋만 두면 비록 자신이 무도해도 그 집안을 잃지 않았다. 선비에게 간쟁하는 벗이 있으면 그 몸에서 명성이 떠나지 않을 것이며, 아버지에게 간쟁하는 자식이 있다면 그 몸이 의롭지 못한 일에 빠지지 않을 것이다. 그러므로 만일 아버지가 의롭지 못한 일을 했을 때는 자식으로서 아버지를 간쟁하지 않을 수 없고, 임금이 의롭지 못한 일을 했을 때는 신하로서 마땅히 그 임금을 간쟁하지 않을 수 없다. 그러므로 의롭지 못한 일을 당하였을 때에는 간쟁하여야 하니 아버지의 명령만 따른다고 어찌 효도라 할 수 있겠느냐?」

환관 조고

이사(李斯)는 진(秦)나라의 재상으로서 시황제(始皇帝)를 도와 천하를 통일하는 데 지대한 공을 쌓았다. 그러나 이사의 추호도 용서가 없는 법가사상으로 인해 백성들을 항상 공포와 불안에 떨어야 했다.

시황제가 죽자, 이사는 간신 조고(趙高)와 힘을 합쳐 황제의 가짜 유서를 만들어 시황을 따라온 후궁 소생 호해(胡亥)를 설득시키고 승상 이사(李斯)를 협박하여 시황의 죽음을 비밀에 붙이고 수도 함양으로 들어오자, 거짓 조서를 발표하여 부소를 죽이고 호해를 보위에 앉힌다. 이것이 2세 황제다. 2세 황제 밑에서 순식간에 출세하여 진의 실권을 잡은 것이 사람들로부터 천대받는 거세자(去勢者)인 환관 조고였다.

이사는 수많은 신하와 유능한 인재들을 잡아 죽인 후 자신이 마음껏 권력을 누리려 했으나 그것이야말로 환관 조고가 자신을 잡으려고 쳐놓은 덫이라는 것을 알았을 때에는 모든 것이 이미 늦은 뒤였다.

조고는 이사를 이용해 나라의 충신들을 모두 잡아 죽인 후에 이번에는 이용가치가 없어진 이사를 호해에게 아첨을 해 잡아들였던 것이다. 결국 이사는 요참(腰斬 : 허리가 잘리는 형벌)형에 처해지고 그 집안은 멸문의 화를 당하고 말았다. 이사의 그 추악한 권력욕이 비수가 되어 거꾸로 자신의 목을 치고 만 것이다.

「시위소찬(尸位素餐)」과 비슷한 말이다.

❻ 寵增抗極 (총증항극) 宠增抗极 고일 **寵** 더할 **增** 겨룰 **抗** 다할 **極**

임금의 사랑이 더할수록 항거심(抗拒心)이 극에 달할 것이니 조심하라.

《천자문》에 있는 말이다.

「자기 몸을 살펴 남이 나를 비방하는지 조심하고, 임금의 사랑이 더할수록 항거심이 극에 달할 것이니 조심하라(省躬譏誡 寵增抗極)」

군자의 바른 태도는 항상 자신을 몸소(躬) 살펴보아서(省) 잘못이 있으면 스스로를 꾸짖고(譏) 경계해야(誡) 하는 것이다.

벼슬에 나가서 임금의 총애(寵)를 많이 받을수록(增) 반대하고(抗) 시기하는 자가 많아지니(極) 이를 조심하여야 한다.

《서경(書經)》 주관(周官)편에 있는 말이다.

「주관」은 주나라 성왕(成王)이 온 나라의 잔적(殘賊)들을 물리친 후 관제(官制)를 정비할 때 쓴 글로, 주로 관료들이 지켜야 할 올바른 태도에 대해 기술했다.

「지위는 교만한 데 이르지 않아야 하고 복록은 사치한 데 이르지 않아야 한다」

사람은 남이 자기를 비방하는 말로 미루어 자기의 몸을 깊이 살펴야 하고, 윗사람의 총애가 더하면 오만해지기 쉽다. 평소에 삼가고 억제하여 잘못을 범하지 말아야 한다. 본디 총애를 받으면 그만큼 주변에 시기하는 사람도 늘게 마련이니 처신을 잘 해야 한다. 그리고 영광이 높아지면 마땅히 극에 이를 것이므로 높은 자리에 있음을 어렵게 여기고 물러남을 가볍게 여겨야 한다는 말이다.

같은 주관편에 있는 말이다.

「그대 경사(卿士)들에게 충고하노니, 높은 공적은 의지에 달린 것이다. 업적의 크기는 근면에 있고 과단성 있게 일을 처리하면 후환이 없다. 벼슬이 높으면 자연 교만해지기 쉽고 부유한 자는 사치해지기 쉽다. 모든 일에 공경하고 삼가는 덕행을 쌓아라. 높은 자리에 있으면 장차 위태로운 일이 발생할 것을 생각하고(居寵思危), 항상 두려움을 잃지 마라(弗畏入畏)」

여기서 「득의(得意)한 때에는 실의(失意)할 때가 있을 것을 생각하여 조심하라」 고 경계하는 「거총사위(居寵思危)」 라는 성어가 나온다.

❼ 不可抗力 (불가항력)

不可抗力 아닐 **不** 옳을 **可** 겨룰 **抗** 힘 **力**

인간의 힘만으로는 도저히 저항해 볼 수도 없는 힘이라는 뜻으로, 천재지변(天災地變) 등 사람의 힘이 미치지 못하는 자연의 위대한 힘을 이르는 말. 또는 사회 관념상 필요하다고 인정되는 주의(注意)나 예방의 방법으로서, 외부에서 생기는 자연적 또는 인위적인 사고를 미리 방지할 수 없는 일.

물리적 사실만을 따져서 엄밀하게 정립된 관념이 아니라 귀책(歸責) 여부를 따지기 위한 법률상의 관념이고, 오늘날에도 주로 민법이나 상법상의 책임 또는 채무, 기타의 불이익을 면하게 하거나 경감시키는 표준으로 사용된다.

❽ 極樂淨土 (극락정토) 极樂净土 다할 **極** 즐거울 **樂** 깨끗할 **淨** 흙 **土**

극락정토

【불교】 안락정토(安樂淨土)와 같은 뜻. 아미타불이 살고 있는 정토. 이 세상에서 십만 억의 불토(佛土)를 지나서 가면 있는데, 모든 것이 완전히 갖추어져 있으며, 고환(苦患)이 없다는 안락한 세계를 말한다.

염불을 한 사람이 죽어서 왕생하여 불과(佛果)를 얻는다고 한다. 불교에서 말하는 내세(來世)의 이상국(理想國)을 이르는 말이다. 《불설무량수경(佛說無量壽經)》

90. 殆辱近恥 林皐幸卽 (태욕근치 임고행즉) 殆辱近耻 林皐幸卽

❶ 百(백) 戰(전) 不(불) 殆(태)

❷ 壽(수) 則(즉) 多(다) 辱(욕)

❸ 近(근) 悅(열) 遠(원) 來(래)

❹ 禮(예) 義(의) 廉(염) 恥(치)

❺ 竹(죽) 林(림) 七(칠) 賢(현)

❻ 林(임) 皐(고) 幸(행) 卽(즉)

❼ 三(삼) 不(불) 幸(행)

❽ 色(색) 卽(즉) 是(시) 空(공)

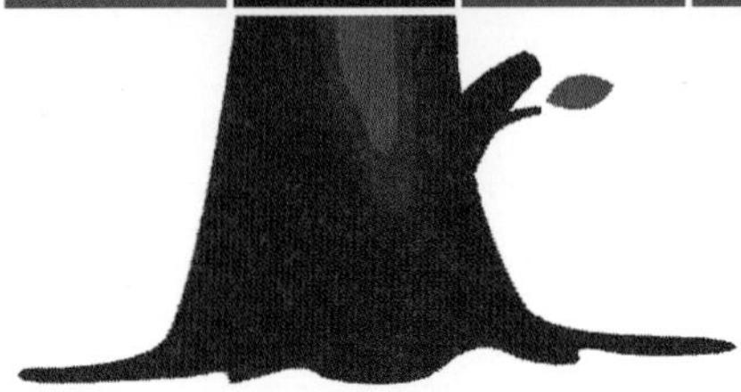

풀이

❶ 百戰不殆 (백전불태) 百战不殆 일백 **百** 싸울 **戰** 아닐 **不** 위태할 **殆**

적을 알고 나를 알면 백 번 싸워도 위태롭지 않다.

손무(孫武)는 춘추시대 오왕 합려의 패업(霸業)을 도운 불세출의 병법가로서, 오늘날 「손자병법」을 만든 유명한 인물이다. 그는 초(楚)나라의 병법가로서 전국시대에 활약한 오기(吳起 : 오자)와 함께 병법의 시조로 일컬어진다.

손 무

손무의 저서 《손자》는 병법 칠서(七書) 중에서 가장 뛰어난 병서로 13편으로 되어 있다. 계(計)·작전(作戰)·모공(謀攻)·군형(軍形)·병세(兵勢)·허실(虛實)·군쟁(軍爭)·구변(九變)·행군(行軍)·지형(地形)·구지(九地)·화공(火攻)·용간(用間)이 그것이다.

「병(兵)은 국가의 대사(大事), 사생(死生)의 땅, 존망(存亡)의 길」이라는 입장에서 국책(國策)의 결정, 장군의 선임을 비롯하여 작전·전투 전반에 걸쳐 격조 높은 문장으로 간결하게 요점을 설명하고 있다. 그 뜻하는 바는 항상 주동적 위치를 점하여 싸우지 않고 승리하는 것을 주로 하고, 또 사상적인 뒷받침도 설하고 있어 병서로서는 모순을 느낄 만큼 비호전적(非好戰的)인 것이 특징이다.

《손자》 모공편(謀攻篇)에 있는 말이다.

손무 석상

「적의 실정을 알고 아군의 실정도 안 다음 싸운다면 백 번을 싸워도 결코 위태롭지 않다(知彼知己 百戰不殆). 적의 실정은 모르고 아군의 실정만 알고 싸운다면 승패는 반반이다(不知彼而知己 一勝一負). 적의 실정을 모르고 아군의 실정까지 모르면 싸울 때마다 모두 질 것이다(不知彼不知己 每戰必敗)」

손자는, 싸움터에서 병사들을 희생시켜 가면서 피로 물든 전투를 한 뒤에 적을 이기는 것은 전술로서 하급(下之下)이라고 말한다. 즉 싸우지 않고 이기는 것, 이것이 손자가 이상으로 하는 전략이다. 따라서 손자는 「시계편(始計篇)」에서는 무모한 전쟁에 대한 경계를 이야기하였으며, 「작전편(作戰篇)」에서는 전쟁이 나라와 백성들에게 주는 막대한 손실과 함께 부득이하게 전쟁을 할 경우 되도록 빨리 끝내야 할 필요성에 대해 서술하고 있다.

그리고 「모공편」은 적군에게 이기는 방법, 즉 여러 가지 승리의 방법이 적혀 있다. 그 가운데 최선의 승리는 아군의 피해가 전혀 없는, 싸우지 않고 승리하는 것이라고 하였다. 그러기 위해서는 계략으로 적군의 전의(戰意)를 꺾어야 할 것을 지적하였다.

손자는 결코 백전백승(百戰百勝)이라는 것을 상책으로 삼지 않았다. 백 번 싸워 백 번 이기는 것은 상의 상책이 아니다. 싸우지 않고서 적의 군대를 굴복시키는 것이 상의 상책이다. 그러므로 으뜸가는 군대는 계략으로 적을 친다. 그 다음가는 군대는 서로 친다. 또 그 다음가는 군대는 적병을 치며, 그 아래의 군대는 성을 공격한다(百戰百勝 非善之善者也 不戰而屈人之兵 善之善者也 故上兵伐謀 其次伐交 其次伐兵 其下攻城).

손무의 후손 손빈

「으뜸가는 군대는 계략으로 적을 친다」는 것은 최상의 전쟁 방법을 말한다. 이것은 계략으로, 싸우지 않고 적을 굴복시키는 것이다. 「서로를 친다」는 것은 차선책으로서, 상대편의 동맹국으로 하여금 중립적인 입장을 취하게 하는 것이다.

즉, 상대편을 고립시켜 원조가 없는 상황으로 모는 방법이다. 그 다음이 싸움터에서 적과 대결하는 일이다. 그러나 상대편에게도 전략과 계략이 있으므로 항상 최선의 방법을 쓸 수는 없다. 왜냐하면, 상의 상책인 사람이 아닌 이상 백전백승의 길만을 생각할 수는 없기 때문이다. 그러기 위해서는 피아(彼我)를 잘 비교 검토한 다음에 전투에 임할 것을 권하고 있다. 여기서 지피지기를 위한 구체적인 방법은 간첩(間諜)의 이용이다.

중국 역사상 누구보다도 먼저 간첩의 중요성을 역설한 이가 바로 손자이다. 손자가 말한 대로 싸우지 않고 이기기 위해서는 먼저 지피를 하여야 하는데, 이 지피는 적에 대한 정보가 필수이다. 따라서 상대편에 대한 정보의 입수를 위해서는 간첩의 활용이 우선이다.

「용간편(用間篇)」에는 이 간첩에 대한 이야기가 전문적으로 다루어져 있다. 손자가 말하는 간첩에는 향간 · 내간 · 반간 · 사간 · 생간의 다섯 종류가 있다.

간략하게 요약해 보면 다음과 같다.

향간(鄕間) : 상대국의 주민을 고용하여 첩보활동을 벌이다.

내간(內間) : 관리를 고용하는 것이다. 현대의 고정간첩과 같은 개념이다.

반간(反間) : 일종의 이중간첩이라고 할 수 있는데, 역정보를 흘리기 위해 이용한다.

사간(死間) : 반간보다 조금 더 복잡한 것으로 배반할 가능성이 있는 간첩이다. 그에게 거짓 정보를 주어 상대국에 보고하도록 하며, 이로 인해 적의 손에 처형되도록 한다.

생간(生間) : 상대국의 정보를 탐지한 뒤에 살아 돌아와 상세하게 보고할 수 있는 간첩을 말한다. 제일 중요한 간첩이다.

❷ 壽則多辱(수즉다욕) 寿则多辱 목숨 壽 곧 則 많을 多 욕스러울 辱

사람이 오래 살다 보면 별의별 욕을 다 겪게 된다.

장자는 전국시대의 가장 특이한 사상가 가운데 한 사람이다. 그는 공자를 시조로 하는 유가(儒家)의 사람들이 강조하는 인의도덕(仁義道德)을 잔꾀가 많은 인간의 작위라 하여 배척하고, 있는 그대로 있는 것—「자연」을 사랑하고 그 어떤 것에도 사로잡히지 않는 정신적 자유 경지—「도(道)」의 세계에 동경을 보냈다. 더구나 그는 그 사상을 그의 특이한 풍자와 비웃음과 우화를 빌어 표현했다.

그의 저서 《장자》 천지편(天地篇)에 나오는 이 이야기도 그러한 우화의 하나로서 지어낸 이야기다.

그 옛날 성천자로서 유명했던 요(堯)가 화(華)라는 지방을 순회했을 때의 일이다. 그 곳의 봉인(封人)이 공손히 요임금 앞으로 나와 인사를 드렸다.

요임금

「오, 성인이시여, 삼가 임금님의 장래를 축수하겠습니다. 우선은 임금님께서는 만수무강하시기를!」

그러자 요는 손을 내저으며 말했다.

「아니오, 나는 오래 살기를 바라지 않소」

「그러시다면 임금님의 부가 더욱더 풍부해지시기를」

「아니오, 나는 부를 더하고 싶은 생각은 꿈에도 하지 않소」

「그러시다면 임금님의 자손이 번창하시도록」

「아니오, 그것도 나는 바라지 않는 일이오」

이쯤 되자 노인은 이상하다는 듯 요임금의 얼굴을 바라보며 되물었다.

「수(壽)와 부(富)와 자손의 번창은 누구나가 바라는 일인데, 임금님께서는 그것을 바라시지 않는다니 어찌된 일입니까?」

장 자

「요컨대 자식이 많으면 그 중에는 못난 놈도 생겨서 도리어 걱정거리가 된다오. 부해지면 혹여 잃지나 않을까 걱정해야 하며, 오래 살면 욕된 일 또한 많지 않겠소(多男子卽多懼 富卽多事 壽則多辱). 이 세 가지는 어느 것이나 다 내 몸의 덕을 기르는 데 무용지물이라고 볼 수밖에 없소」

요임금의 말에 노인은 어처구니없다는 표정을 지으며 중얼거렸다.

「체, 싱겁기 짝이 없군. 요임금은 성인이라고 들었는데, 지금 말하는 것으로 미루어 보아 기껏해야 군자 정도밖에는 되지 못하겠구나. 아이들이 많더라도 각기 분에 맞는 적당한 직업을 맡기면 아무 걱정도 없을 것이고, 돈이 많아지면 그만큼 남에게 나누어주면 아무 걱정도 없을 텐데. 진정한 성인이란 메추리같이 둥지를 고르지 않고, 병아리처럼 무심하게 먹고, 새가 날아 뒤 흔적이 없는 것같이 자유자재여야 한다. 세상이 올바르면 모든 사람들과 함께 그 번성함을 즐기는 것이 좋고, 올바르지 않으면 몸에 덕을 닦아 은둔하는 것도 좋고, 천 년이나 오래 살아 세상이 싫증이 나면, 그 때는 신선이 되어 저 흰 구름을 타고 옥황상제의 나라로 가서 노는 것도 좋다. 병(病)·노(老)·사(死)의 3환(患)을 걱정할 필요도 없고 몸이 언제나 재앙이 없다면 오래 산다고 해서 아무런 욕될 것이 없잖은가!」

이런 소리를 하고 노인은 발길을 돌렸다. 보기 좋게 허점을 찔린 꼴이 된 요임금은 순간 정신이 퍼뜩 들어 뒤를 쫓아가, 「기다리시오! 조금 더 그대의 말을 듣고 싶소」 하고 소리쳤으나 그 사람은 뒤도 돌아보지 않고 어디론지 사라지고 말았다.

그러므로 「수즉다욕」이란 나이가 들면 들수록 욕심이 많이 생기게 되므로 자신의 행동을 조심하여 분수를 지키라는 뜻이다.

그러나 이 고사에서는 유가(儒家)에서 강조하는 인의 덕을 배척하고, 도가의 정신적 자유 경지를 표현하고 있다. 즉, 「수즉다욕」의 충고보다는 이를 넓게 포용할 수 있는 도의 정신을 강조한 것이다.

화봉삼축도(華封三祝圖, 淸 안원)

장자는 이 우화로써 유가적 성인인 요(堯)와 대비시켜 가며 「도(道)」의 세계에서 사는 자유자재인(自由自在人)—도가적 성인의 모습을 시사하려고 했던 것이다.

요임금이 화(華) 지방을 순행할 때, 그곳의 봉인(封人)이 요임금의 덕을 찬양하여, 「성인(聖人)은 장수(壽)하시고, 성인은 부(富)하시고, 성인은 다남(多男)하시라」 고 축복했다는 고사를 「화봉삼축(華封三祝)」이라 하며, 고사에 근거하여 임금에게 경축의 인사말을 올릴 때 자주 사용한다.

❸ 近悅遠來 (근열원래)

近悦远来　가까울 **近** 기쁠 **悅** 멀 **遠** 올 **來**

좋은 정치의 덕이 널리 미침.

가까운 주변 사람들이 기뻐하면 멀리 있는 사람들도 소식을 듣고 그 나라에 귀의하는 법이다. 《논어》 자로편에 있는 말이다.

공 자

춘추시대 공자가 위(衛)·조(曹)·송(宋)·정(鄭)·진(陣)·채(蔡) 등 여러 나라를 돌아보고 초(楚)나라에 들렀을 때였다. 어느 날, 초나라의 대부인 심저량(沈諸梁)이 공자에게 정치를 어떻게 하면 좋으냐고 물었다.

그러자 공자는, 「가까이 있는 사람들이 기뻐하면 먼 곳에 있는 사람들이 오게 되지요(近者悅 遠者來)」라고 간단히 대답하였다. 「근열원래」는 바로 공자가 말한 「근자열 원자래(近者悅 遠者來)가 줄어서 이루어진 말인데, 이 말의 뜻은 경내의 백성들을 이롭게 하여 그들이 기뻐하도록 하면 멀리 떨어진 경외의 사람들도 소문에 이끌리게 되어 찾아와 의지한다는 것이다.

나중에 사람들은 「근열원래」라는 말로써 한 나라나 한 지방이 잘 다스려지는 것을 비유하게 되었다.

❹ 禮義廉恥 (예의염치)

禮义廉耻 예도 禮 옳을 義 청렴할 廉 부끄러울 恥

예절과 의리와 청렴 및 부끄럼을 아는 태도.

관중이 지은 《관자(管子)》 목민편에 나오는 나라를 버티게 하는 네 가지 덕목으로 예(禮)·의(義)·염(廉)·치(恥)가 그것인데, 이를 「사유(四維)」라 한다. 이 넷 중에 하나가 없으면 나라가 기울게 되고, 둘이 없으면 나라가 위태롭게 되며, 셋이 없으면 나라가 뒤집어지고, 모두 없으면 그 나라는 파멸을 면하지 못하게 된다고 했다.

이처럼 「예의염치」는 나라를 존재하게 하는 가장 중요한 기본 덕목인 것이다.

염치(廉恥)란 한 마디로 청렴하고 수치(羞恥)를 아는 마음을 말하는데, 염치와 반대되는 뜻으로 잘못을 범하고도 도무지 부끄러움을 느끼지 못하는 마음을 일러 「파렴치(破廉恥)」라고 한다. 그러므로 이 파렴치가 판을 치게 되면 종국에는 나라가 망하게 되는 것이다.

「사유(四維)」에다 효(孝)·제(悌)·충(忠)·신(信) 네 가지 덕목을 합쳐서 「팔덕(八德)」이라 하는데, 앞서 말한 사유(四維)가 나라를 유지하는 데 지켜야 할 네 가지 기본 덕목이라면, 팔덕은 인간관계에서 반드시 지켜야 할 기본 덕목이라고 말할 수 있겠다.

❺ 竹林七賢 (죽림칠현)

竹林七贤 대나무 竹 수풀 林 일곱 七 어질 賢

대나무의 숲의 일곱 현인(賢人)이라는 뜻으로, 중국 진(晉)나라 초기

죽림칠현(淸 화가 전혜안)

에 유교(儒敎)의 형식주의를 무시하고, 노장(老莊)의 허무주의(虛無主義)를 주장하고, 죽림에서 청담(淸談)을 나누며 지내던 일곱 선비를 이르는 말이다.

중국 위(魏) · 진(晉)의 정권교체기에 부패한 정치권력에 등을 돌리고 죽림에 모여 거문고와 술을 즐기며 청담으로 세월을 보낸 일곱 명의 선비를 가리키는 말이다.

여기서 「청담」은 세속적인 명리(名利)를 달관한 맑고 고상한 이야기를 이르는 말로서, 위 · 진시대에 유행한 청정무위(淸淨無爲)의 공리공담(公理空談)을 말한다.

이 말이 나오게 된 것은 중국이 한창 격동기에 접어들어 연일 전쟁과 살육으로 하루도 바람 잘 날이 없었던 위진남북조시대에 형성된 일군의 선비집단인 죽림칠현과 밀접한 관련이 있다.

자고 나면 왕조가 바뀌고 그럴 때마다 숙청과 살육이 자행되던 시기에 이런 현실에 염증을 느낀 뜻있는 사람들이 모였다. 그들은 세간의 이런 정황을 깨끗이 잊어버리고 보다 고상하고 운치 있는 대화만 나누며 술에 취해 세상의 시름을 잊고자 노력하였다. 특히 그 가운데 일곱 사람이 당시 크게 알려졌다.

산도(山濤, 자는 거원巨源)·완적(阮籍, 자는 사종嗣宗)·혜강(嵇康, 자는 숙야叔夜)·완함(阮咸, 자는 중용仲容)·유영(劉伶, 자는 백륜伯倫)·상수(向秀, 자는 자기子期)·왕융(王戎, 자는 준중濬中) 일곱 명이다.

이들은 개인주의적·무정부주의적인 노장사상(老莊思想)을 신봉하여 지배 권력이 강요하는 유가적 질서나 형식적 예교(禮敎)를 조소하고 그 위선을 폭로하기 위하여 상식에 벗어난 언동을 하기도 하였다.

이후 이들은 위(魏)나라를 멸망시키고 진(晉)나라를 세운 사마씨(司馬氏)의 일족에 의해 회유되어 해산되었다. 하지만 이들 중 혜강은 끝까지 그들의 회유를 뿌리치다 결국 사형을 당했다.

이들이 술을 마시면서 시를 짓고 노닐 때 나누었던 이야기를 일러 후세 사람들이 「청담」이라고 한 것이다. 이들에게 있어서 술은 그 무엇과도 바꿀 수 없는 친근한 벗이라 할 수 있다. 그래서 유영과 같은 사람은 술을 찬양하는 「주덕송(酒德頌)」이라는 글까지 남겼을 정도였다.

시속(時俗)의 득실에 빠져 그들을 비방하던 세속지사(世俗之士)를 한낱 잠자리나 나나니벌로 격하시킨 풍류와 호방함은 가히 이들 칠현들의 정신세계를 한 마디로 대신한 것이라고 하겠다.

❻ 林皐幸卽 (임고행즉)

林皐幸卽 수풀 **林** 언덕 **皐** 다행 **幸** 나아갈 **卽**

《천자문》에 있는 말이다.

「위태롭고 욕된 일이 있으면 수치가 가까우니 기회를 보아 물러나서 숲 속 물가로 나아가 한거(閑居)하는 것이 바람직하다(殆辱近恥 林皐幸卽)」

몸이 귀한 지위에 오르게 되면 윗사람에게는 혐의를 받는 경우가 많고 아랫사람에게는 미움을 받는 경우가 많기 때문에 조그마한 실수에도 곧 치욕을 받게 된다. 시기를 보아 자리를 내놓고 물가를 가서 한가한 몸이 되도록 하라는 말이다.

노자송하기우도(老子松下騎牛圖)

노자(老子)가 말하기를, 「족한 것을 알면 모욕을 당하지 않고 그칠 것을 알면 위태로울 것이 없다(知足不辱 知止不殆)」고 말했다.

또한 신하가 부귀하면서도 물러가지 않으면 반드시 위태로움과 욕을 당하여 치욕에 가깝게 될 것이다.

「이미 그칠 줄 알고 만족할 줄 아는 뜻이 있으면 임고(산림)의 아래로 나아가 천성을 온전히 보전할 것이다(旣有知止知足之志 則可幸就林皐之下 以全其天也)」

적당한 시기에 물러날 줄도 알아야 한다는 말이다. 벼슬자리를 오래 하면 욕도 많다. 우리나라 속담에 「썩은 밤송이 삼 년 간다」라는 말이 있다. 벼슬자리에서 물러날 정도가 되었는데도 계속 추하게 물고 늘어져 버티는 경우를 풍자하는 말이다.

장자(莊子) 천지편(天地篇) 에, 「수즉다욕(壽則多辱)」이라는 말도 있다. 오래 살면 욕됨이 많다는 뜻으로, 오래 살수록 고생(苦生)이나 망신(亡身)이 많음을 이르는 말이다.

❼ 三不幸(삼불행) 叁不幸 석 三 아닐 不 다행 幸

맹자가 말한 세 가지 불행, 곧 재산의 축적에 전념하는 일, 자기의 처자만을 사랑하는 일, 부모의 효양(孝養)을 등한시하는 일.

《세설신어(世說新語)》에 있는 말이다.

송(宋)나라의 정이천(程伊川)이 한 말이다.

「사람에게 불행이 있으니 어려서 급제하는 것이 첫 번째 불행이요, 집안의 후광으로 좋은 관직에 오르는 것이 두 번째 불행이며, 재주 높고 문장에 능한 것이 세 번째 불행이다(人有不幸 少年登科一不幸 席父兄之勢爲美官二不幸 有高才能文章三不幸)」

정이천

사람에게는 세 가지 불행이 있는데, 첫째는, 젊어 고관(高官)에 오르는 것. 나이 어린 천재는 있어도 대가는 없다. 너무 빨리 출세하면 인생 후반에 이룰 것이 없는 불행. 둘째는, 부형(父兄)의 후광으로 미관(美官)에 오르는 것. 부모형제를 잘 만나 나태해지는 불행. 셋째는, 재주 많고 문장에 능한 것. 자신의 재주와 능력만 믿고 안일함에 빠지는 불행을 이르는 말이다..

❽ 色卽是空(색즉시공) 色卽是空 빛 **色** 곧 **卽** 옳을 **是** 빌 **空**

세상에 존재하는 모든 형체(色)는 공(空)이라는 말. 곧 형상은 일시적인 모습일 뿐이라는 말이다.

《반야심경(般若心經)》에 있는 말이다.

「색이 공과 다르지 않고 공이 색과 다르지 않으며, 색이 곧 공이요 공이 곧 색이다(色不異空 空不異色 色卽是空 空卽是色)」

「색즉시공 공즉시색」은 《반야심경》의 중심사상이다. 색(色)이란 형태가 있는 것, 대상을 형성하는 물질적인 것, 넓게는 대상 전반을 가리킨다. 「색즉시공」은 색이란 모두 공(空)에 불과하다 하였고, 대상을 우리들은 어느 특정한 대상으로 생각하고 있으나 실은 그것은 광범한 연계(連繫) 위에서 그때그때 대상으로서 나타나는 것일 뿐이며, 그 테두리를 벗어나면 이미 그것은 대상이 아닌 다른 것으로 변하는 것이므로 그 대상에 언제까지나 집착할 필요는 없다는 것이다.

「공즉시색(空卽是色)」은 그와 같이 원래부터 집착할 수 없는 것을 우리들은 헛되이 대상으로 삼지만, 그것은 공이며 그 공은 확고함이 없는 것인데, 바로 여기에 인간의 현실(존재)이 있다고 설한다.

이것은 일체의 것, 즉 불교에서 말하는 오온{五蘊 : 불교의 근본사상의 하나로, 세계를 창조·구성하고 있는 요소를 다섯 가지로 분류한 것. 색(色)·수(受)·상(想)·행(行)·식(識) 5요소의 결합으로, 색은 육체, 수는 감각, 상은 상상, 행은 마음의 작용, 식은 의식} 모두에 미치며, 대상(對象 : 色)뿐만 아니라 주관의 여러 작용에 대하여도 마찬가지라고 말할 수 있다.

91. 兩疎見機 解組誰逼 (양소견기 해조수핍) 兩疏见机 解组谁逼

	거	주	양	난
❶	去	住	兩	難

	거	자	일	소
❷	去	者	日	疎

	견	위	수	명
❸	見	危	授	命

	맹	모	단	기
❹	孟	母	斷	機

	해	어	화
❺	解	語	花

	계	경	이	조
❻	繫	頸	以	組

	녹	사	수	수
❼	鹿	死	誰	手

	해	조	수	핍
❽	解	組	誰	逼

풀이

❶ 去住兩難(거주양난) 去住兩难 갈 **去** 머무를 **住** 두 **兩** 어려울 **難**

가야 할 것인지 가지 말아야 할 것인지 모두 결정을 내리기 어렵다는 것을 말한다.

채 옹

중국 악부(樂府)의 하나로, 후한의 채염(蔡琰)이 전란으로 흉노에 잡혀가자, 그의 재능을 아낀 위나라 조조(曹操)가 돈을 내 귀향하게 한 이야기를 열여덟 곡의 운문으로 읊었다는 「호가십팔박(胡茄十八拍)」에 있는 이야기다.

후한 말 여류시인 채염(蔡琰 : 자는 文姬)은 학자·문인·서예가인 채옹(蔡邕)의 딸인데, 어려서부터 박학다식하여 변설에 능했고 음악적 재능도 갖추었다. 헌제 때 중원에 전란이 터지고 동탁(董卓)의 난이 일어났을 때 문희는 흉노족에게 납치되어 흉노 좌현왕(左賢王)에게 시집을 가서 좌현왕 사이에 아들 둘을 두는 등 12년 동안 살았다.

조조가 평소 채옹과 절친한 사이였는데 채옹의 후손이 끊기는 것을 애석하게 여겨 좌현왕에게 금벽(金璧)을 주고 귀국시켜 동관(東觀) 근처 남전(藍田) 땅에 장원을 세우고 살도록 배려했다.

문희 귀한도(歸漢圖, 明 화가 진홍수)

채옹이 밤에 거문고를 타다가 줄이 끊어지자, 옆에서 듣던 아홉 살 난 딸 문희가, 「거문고 둘째 현이 끊어졌네요」 하고 말했다. 어두운 곳에서도 거문고의 몇 번째 현이 끊어졌는지 알아맞히는 딸의 재주에 감탄한 채옹은 다시 불을 끄고 연주하다가 거문고의 현 하나를 일부러 끊었더니, 문희는 「네 번째 줄이 끊어졌어요」 하고 바로 말했다.

채옹은 불을 켜고 거문고 네 번째 줄이 끊어진 것을 보고 딸의 총명함에 새삼 감탄하였다. 문희가 마음을 달래며 지은 악곡 「호가십팔박」의 「가야 할지 머물러야 할지 두 마음을 함께 베풀기 어렵구나(去住兩情兮難俱陳)」 라는 구절에서 따온 성어이다. 이러지도 저러지도 못하는 난처한 상황을 비유하는 말이다.

❷ 去者日疎 (거자일소) 去者日疏 갈 **去** 사람 **者** 날 **日** 트일 **疎**

한번 떠난 사람과는 시간이 지날수록 사이가 점점 멀어진다.

《문선》 잡시(雜詩)에 있는 고시(古詩) 19수 중 제14수 첫머리에 나오는 구절이다. 「한번 떠난 사람과는 시간이 지날수록 사이가 멀어지며, 이미 죽은 사람에 대한 기억도 세월이 흐르면 점차 잊혀진다」는 뜻이다.

떠나버린 사람과는 날로 뜨악해지고
산 사람과는 날로 친해진다.
곽문을 나서 바라보면
오직 보이는 것은 언덕과 무덤
옛 무덤은 갈아엎어져 논밭이 되고
소나무와 잣나무는 잘리어 땔감이 된다.
백양나무에는 구슬픈 바람이 일고
소연하게 내 마음을 죽이는구나.
옛 고향으로 돌아가고 싶어도
돌아갈 길 막막하니 어찌할거나.

去者日以疎　生者日以親　　거자일이소　생자일이친
出郭門直視　但見丘與墳　　출곽문직시　단견구여분
古墓犁爲田　松柏摧爲薪　　고묘리위전　송백최위신
白楊多悲風　蕭蕭愁殺人　　백양다비풍　소소수살인
思還故里閭　欲歸道無因　　사환고리려　욕귀도무인

죽은 사람은 잊혀 갈 뿐, 하지만 살아 있는 사람은 나날이 친해져 간다. 고을의 성문을 나서 교외로 눈을 돌리면 저편 언덕과 그 아래에는 옛 무덤이 보인다. 게다가 낡은 무덤은 경작되어 밭이 되고 무덤의 흔적도 남기지 않는다. 무덤 주위에 심어진 송백은 잘리어 땔나무가 되어 버렸겠지.

백양의 잎을 스쳐가는 구슬픈 바람소리는 옷깃을 여미게 하고 마음 속 깊이 파고든다. 그럴 때마다 고향으로 돌아가고 싶으나 정처 없이 떠돌아다니고 영락한 몸이라 돌아갈 수가 없다.

고시 19수 중 남녀 간의 정을 노래한 것으로 보이는 12수를 제외한 나머지 6수는 전부 이와 같은 인생의 고통과 무상을 노래한 것이다. 다시 말해서,

「인생천지간에 홀연히 멀리 떠나가는 나그네와 같다」(제3수)

「인생 한 세상이란 홀연히 흩어지는 티끌과 같다」(제4수)

「인생은 금석(金石)이 아니다. 어찌 장수할 것을 기대하겠는가」(제11수)

「우주 천지간에 음양은 바뀌고 나이란 아침 이슬과 같다」(제13수)

「인생 백을 살지 못하면서 천 년 살 것을 걱정한다」(제15수) 등을 들 수 있다.

여기 보이는 것은 적구(摘句, 발췌 부분)에 지나지 않으나, 어느 것이나 감정의 발현(發現)이란 점에서 볼 때 다시없으리만큼 아름답다.

❸ 見危授命 (견위수명) 见危授命 볼 **見** 위태할 **危** 줄 **授** 목숨 **命**

나라가 위태로울 때는 자신의 목숨까지도 바친다.

공자의 제자 자로(子路)가 공자에게 성인(成人)에 대해 묻자, 공자는 지혜와 청렴과 용기, 그리고 재예(才藝), 예악(禮樂)을 두루 갖춘 사람이 성인이라고 대답하면서 이렇게 덧붙였다.

「그러나 오늘의 성인이 어찌 반드시 그렇겠는가? 이로움을 보면 의(義)를 생각하고, 위태로움을 보면 목숨을 바치며, 오래 전의 약속을 평생의 말로 여겨 잊지 않는다면 또한 마땅히 성인이라 할 수 있다(今之

成人者 何必然 見利思義 見危授命 久要 不忘平生之言 亦可以爲成人矣)」

공자는 여기서 지금의 성인은 옛날의 성인에는 미치지 못하지만, 위의 세 가지 요건만 갖추면 성인이라 할 만하다는 뜻으로 말한 것이다.

여기서 유래한 「견위수명」은 이후 나라를 위해서는 목숨도 아낌없이 바치는 충신을 일컫는 용어로 쓰였다.

여기서 「이로움을 보면 의(義)를 생각한다」는 「견리사의(見利思義)」와 「견위수명」은 뜻이 통하는 말이다. 나라나 대의를 위해 자신을 희생한다는 뜻의 성어는 이 밖에도 「선공후사(先公後私)」, 「대의멸친(大義滅親)」 등이 있다. 「견위치명(見危致命)」이라고도 한다.

안중근 유묵

한말 독립운동가 안중근(安重根)의 유묵(遺墨)으로, 「이로움을 보았을 때에는 정의를 생각하고, 위태로움을 당했을 때에는 목숨을 바치라(見利思義見危授命)」라고 쓰여 있다.

안중근은 글씨에도 뛰어나 많은 유필(遺筆)이 있으며, 옥중에서도 여러 장의 글을 남겨 현재 전하는 것이 20여 점에 달한다. 이 유묵은 안중근의 유묵 중 가장 대표적인 작품이다.

❹ 孟母斷機(맹모단기) 孟母断机 맏 **孟** 어미 **母** 끊을 **斷** 베틀 **機**

맹자의 어머니가 베를 끊었다는 뜻으로, 학업을 중도에서 그만둠을 훈계(訓戒)하는 말.

전한 말 유향(劉向)이 지은 《열녀전》에 있는 말이다.

맹모단기도

전국시대 노(魯)나라의 철학자 맹자는 성선설(性善說)을 바탕으로 인의(仁義)를 중시하는 왕도정치(王道政治)를 주창한 당대 최고의 유학자였다. 어려서 아버지를 여의고 어머니 밑에서 자랐는데, 그 어머니는 「맹모삼천지교(孟母三遷之敎)」의 일화에서 보듯 아들 교육에 남다른 관심을 가진 훌륭한 분이었다.

이 고사 역시 맹자 어머니의 아들 교육에 관한 일화이다. 맹자는 학문에 전념할 만한 나이가 되자 고향을 떠나 공부를 하였다.

그런데 어느 날. 기별도 없이 맹자가 갑자기 집으로 돌아왔다. 마침 베틀에 앉아 길쌈을 하고 있던 맹자의 어머니는 갑자기 찾아온 아들을 보고 기쁘기는 하였지만, 감정을 억누르고 아들에게 물었다.

「네 공부가 어느 정도 되었느냐?」

「아직 마치지는 못하였습니다」

맹자의 대답을 듣자, 맹자 어머니는 짜고 있던 베틀의 날실을 끊어버리고는 이렇게 아들을 꾸짖었다.

「네가 공부를 중도에 그만두고 돌아온 것은 지금 내가 짜던 베틀의 실을 끊어버린 것과 같다. 네가 무엇을 이룰 수 있겠느냐?」

맹자는 어머니의 이 말에 마음속으로 크게 깨달은 바가 있어 다시 스승에게로 돌아가 더욱 열심히 공부하였다. 그리하여 훗날 공자에 버금가는 유학자가 되었을 뿐 아니라 아성(亞聖, 성인에 버금가는)으로 추앙받게 되었다. 「단기지교(斷機之敎)」, 「단기지계(斷機之戒)」와 같은 말이다.

❺ 解語花 (해어화) 解语花 헤아릴 **解** 말씀 **語** 꽃 **花**

말을 알아듣는 꽃이란 뜻으로, 미인을 비유하는 말로 쓰인다. 또는 화류계(花柳界)의 여인을 일컫기도 한다.

왕인유(王仁裕)의 《개원천보유사(開元天寶遺事)》에 있는 말이다.

양귀비 태액지 채련도(采蓮圖)

당나라 수도 장안은 지금 화창한 봄을 보내고 바람도 훈훈한 여름을 맞이하려 하고 있었다. 현종황제는 양귀비와 궁녀들을 거느리고 태액지(太液池)라는 연못가로 나갔다. 연못은 온통 연잎으로 뒤덮여 있었고 만개한 꽃들은 그 아름다운 자태를 한껏 뽐내고 있었다. 연못가의 모든 사람들은 저마다 감탄의 소리가 터져 나왔다.

그때 연꽃을 흐뭇하게 바라보고 있던 현종이 주위 사람들에게 말했다.

「어떠냐, 이 꽃들의 아름다움이 내 말을 알아듣는 꽃과 비길 만하지 아니한가?(爭如我解語花)」

여기서 말을 알아듣는 꽃이란 물론 양귀비를 두고 한 말이다.

현종은 치세(治世)의 전반에 훌륭한 업적을 쌓았지만, 후반에 가서는 양귀비와의 사랑에 푹 빠져 정사를 제대로 돌보지 않았다.

여 지

현종은 양귀비를 기쁘게 해주기 위해 여지(荔枝)라는 과일을 멀고 먼 영남지방에서 가져오라 명했다. 맛이 변하기 쉬운 여지를 싱싱한 채로 가져오기 위하여 역마를 탄 사람이 말을 갈아타 가면서 주야로 달렸다. 말이 쓰러지고 또 도랑에 빠져 죽는 자도 많았다.

모든 일이 이런 식이었다. 양귀비의 친척이란 점 하나로 양가(楊家)의 일족은 높은 자리에 올랐다. 그것은 이윽고 안녹산(安祿山)의 난이 일어나는 계기가 되었고, 양귀비는 노한 병사들의 요구로 교살되었다. 저 마외(馬嵬)의 비극에 이어지는 것이다. 그리고 퇴위하여 상황(上皇)이 된 현종은 죽을 때까지 양귀비를 그리워했다고 한다.

그 치세의 전반 20 수년을 「개원(開元)의 치(治)」라고 불릴 정도로 잘 다스려서 명군이란 이름을 얻었던 현종은 이렇게 뒤끝을 좋게 여미지 못했다. 양귀비를 얻은 때부터 일전(一轉)해서 어지러워졌다. 폭군은 아니었으나, 정녕 주책망나니가 되었다.

양귀비(日 화가 와타나베 낭가쿠)

명상(名相)이나 간신(諫臣)에게 엄격히 둘러싸여 명군으로 행세하기 20여 년, 그의 속에 들어 있던 범인(凡人)이 도저히 견딜 수가 없게 되었던 것이 아닐까. 아무튼 여러 가지 요소를 지닌 생애였다. 그것은 비극인지 희극인지, 현종과 양귀비 사이를 아름다운 비련(悲戀)으로 보는 사람도 있을 것이다.

또 「어떠냐, 이 아름다움은……」 하고 좋아하는 얼빠진 모습을 비웃는 것도 후인들의 자유라고 하겠다. 그러나 여지를 나르고 전란을 입은 사람들에게는 그것이 틀림없는 비극이었을 것이다.

그렇다고는 하나 현종과 양귀비가 빚어낸 갖가지 이야기나 말 중에서 이 「해어화(解語花)」도 살아남았다. 말을 하는 꽃, 즉 미인을 가리킨다. 이 꽃은 계절을 불문하고 일 년 내내 존재한다.

❻ 繫頸以組 (계경이조)

繫颈以组 　　맬 **繫** 목 **頸** 써 **以** 끈 **組**

갓이나 머리에 매는 끈을 목에 맴. 목을 매어 죽여 달라는 말로 항복(降伏)한다는 뜻.

❼ 鹿死誰手 (녹사수수)

鹿死谁手 　　사슴 **鹿** 죽을 **死** 누구 **誰** 손 **手**

「사슴이 누구의 손에 죽는가?」라는 뜻으로 승패를 결정하지 못하는 것을 이르는 말이다. 세력이 서로 비슷하여 승부를 가리지 못하는 경우에 쓰이는 말이다.

《진서(晉書)》 석늑재기(石勒載記)에 있는 말이다.

오호십육국(五胡十六國)의 하나인 후조(後趙)의 제1대 황제 석늑(石勒, 재위 319~333)은 자부심이 강하고 유능한 통치자로서 신하인 서광(徐廣)에게 자신을 역사상 어느 왕에 비교할 수 있는지 물었다. 서광은 임금의 지혜가 한(漢)나라 고조 유방(劉邦)을 앞지른다고 대답했다.

석늑은 「내가 유방의 시대에 태어났다면 그의 부하로 지휘를 받았을 테지만, 후한의 초대 황제 광무제 유수(劉秀)를 만나 중원에서 그와 겨루었다면 『사슴이 누구 손에 죽었을지 알지 못한다(不知鹿死誰手)』」고 말했다고 전해진다.

양쪽의 실력이 비슷해 누가 이길지 모를 정도로 미리 승부를 짐작하기 어렵다는 말이다. 지위나 정권을 사슴에 비유하였는데, 천하가 누구에게 돌아갈 것인가라는 뜻에서 제위의 다툼을 비유하는 「중원축록

(中原逐鹿)」이란 말이 있다.

❽ 解組誰逼 (해조수핍)

解组谁逼　풀 **解** 끈 **組** 누구 **誰** 핍박할 **逼**

「소광(疏廣), 소수(疏受)는 기미를 알아차리고 인끈을 풀었으니 누가 다그치리오(兩疏見機 解組誰逼)」

《천자문》에 있는 말이다.

한(漢)나라 선제(宣帝) 때 태자의 스승 태부(太傅)였던 소광(疏廣)과, 그 조카로 태자의 소부였던 소수(疏受)는 일의 기미를 알아보는 데 밝고 성품이 어질었다.

두 소씨는 기회를 보아 인수(印綬)를 풀어놓고 가버렸으니 아무도 그들을 핍박(逼迫)하지 않았다. 두 소씨가 2,000석의 봉록을 마다하고 해조(解組)하는 데야 누가 감히 기미(機微)를 미리 알아보는 이들 현자의 처사에 대해 왈가왈부하겠는가?

벼슬을 하다가도 이제 그만둘 때가 되었다고 생각되면 과감히 인끈을 풀고 시골로 내려가라는 말이다.

소광은 5년 동안 황태자를 가르치다 병을 핑계로 사직을 청원해 물러났다. 하사받은 금을 친족들에게 나눠주면서 「어질면서 재물이 많으면 그 뜻을 해치고, 어리석으면서 재물이 많으면 허물만 늘린다(賢而多財 則損其志 愚而多財 則益其過)」고 말했다. 벼슬로 이름을 얻는 것을 후회하여 벼슬을 그만두자 많은 사람들이 칭찬했다. 저서에 《소씨춘추(疏氏春秋)》가 있다.

소수는 소광의 조카로, 선정을 베풀었던 인물로 유명하다. 예를 좋아하고 공근(恭謹)했으며 민첩한 데다 문재(文才)가 있었다. 선제 때 현량(賢良)으로 천거되어 태자가령(太子家令)이 되고, 얼마 뒤 소부(少傅)에 올랐다. 5년간 재직한 뒤 삼촌 소광의 뜻을 따라 벼슬을 버리고 귀향하니 많은 사대부들이 동문(東門) 밖까지 나와 환송했다는 고사가 있다.

두 소씨는 고향에 돌아오자 그간에 모은 돈을 모조리 일가친지에게 나눠주고 유유자적(悠悠自適)하면서 복된 여생을 보냈다고 한다. 그들이 받은 봉록은 중이천석이었으니 벼슬아치 중에서 최고 바로 다음을 받는 것이었다. 그런데도 그들은 기미를 알고 그에 따라 처신해서 욕됨을 벗어났다.

千字文
나무

92. 索居閑處 沈默寂寥 索居闲处 沈默寂寥

(삭거한처 침묵적요)

❶	암 暗	중 中	모 摸	색 索	
❷	기 奇	화 貨	가 可	거 居	
❸		망 忙	중 中	한 閑	
❹	묘 猫	서 鼠	동 同	처 處	
❺		파 破	부 釜	침 沈	선 船
❻		심 深	사 思	묵 默	고 考
❼		막 寞	천 天	적 寂	지 地
❽	침 沈	묵 默	적 寂	요 寥	

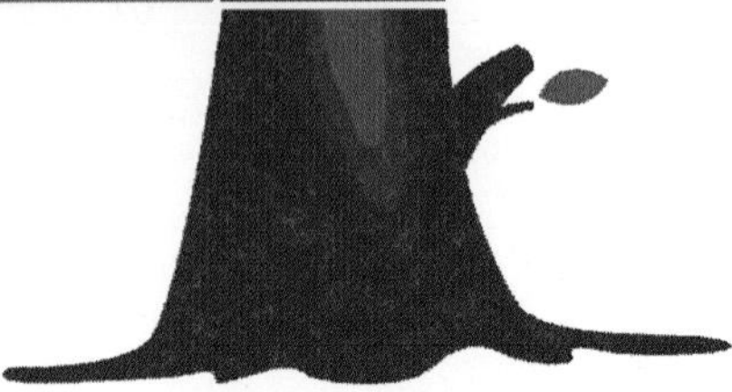

풀이

❶ 暗中摸索 (암중모색)

暗中摸索 어두울 **暗** 가운데 **中** 더듬을 **摸** 찾을 **索**

사태를 파악할 수 없는 상황에서 대충 어림으로 추측하다.

「어둠 속에서 손으로 더듬어 찾는다」는 뜻으로, 어림짐작으로 추측하거나, 당장은 해결점이 보이지 않는 막연한 상태에서 해법을 찾는 것을 이르는 말이다.

당(唐)나라 때 유속(劉餗)이 지은 《수당가화(隋唐嘉話)》에 있는 이야기다.

당나라 측천무후(則天武后)는 여걸이었다. 열네 살에 대궐에 뽑혀 들어가 2대 황제 태종(太宗)의 후궁이 되었는데, 태종이 죽자 절에 들어가 중이 되었다. 그러나 3대로 제위에 오른 고종(高宗)은 그녀를 환속시켜 후궁으로 불러들였다.

한 여자가 부자간 2대와 관계를 맺는 기막힌 경우가 생긴 것이다. 이 사실만 보더라도 상당한 미모였음을 알 수 있다.

그녀는 아름답기만 한 것이 아니라 두뇌가 명석하고 기력 또한 드세며 행동력이 뛰어나 황후를 밀어내고 자신이 그 자리를 차지했다. 그 후 고종이 병들어 눕자 스스로 천후(天后)라 일컫고 정치 일선에 나서서 거슬리는 대신들과 전 황후 소생인 태자를 무참히 죽이는 공포정치로 모두를 꼼짝 못하게 만들었다.

그러다가 고종이 죽자 자신의 친아들로 4대 중종(中宗)과 5대 예종(睿宗)을 형식적으로 세웠지만 곧 폐하고 마침내 스스로 제위에 올라 국호를 주(周)로 고쳤다.

측천무후

이때 그녀의 나이 67살이었고, 중국 역사상 전무후무한 여황이 탄생한 것이다. 그러고서 15년간 황제 노릇을 했고, 고종이 죽고부터 실권을 장악한 것을 감안하면 무려 26년간이나 중국 천하를 호령했으니 참으로 놀라운 여자가 아닐 수 없다.

이 측천무후 시대의 당나라에 허경종(許敬宗)이란 학자가 있었는데, 학문은 어쨌든 간에 심한 건망증으로 더 이름이 알려져 있었다. 어찌나 건망증이 심한지 조금 전에 만났던 사람조차 기억 못할 정도였다.

「저런 기억력으로 글은 대체 어떻게 읽었을까?」

그를 아는 사람들은 이렇게 말하며 비웃곤 했다.

어느 날 한 친구가 허경종이 사람을 특히 잘 기억하지 못하는 것을 보고 이렇게 비꼬았다.

「자넨 이름 없는 사람이야 기억할 수 없겠지만 만약 하안(何晏)이나 유정(劉楨)·심약(沈約)·사령운(謝靈運) 같은 유명인을 만난다면 훗날 『암중모색』을 해서라도 알 수 있을 것이네」

허경종(許敬宗)은 고종이 황후 왕(王)씨를 폐하고 무씨(武氏, 측천무후)를 황후로 맞이할 때 이 무씨를 옹립한 인물이었으며, 당 태종의 18학사(學士)의 한 사람으로 유명하다.

그는 문장의 대가였으나 성격이 매우 경솔한 데다 건망증이 심해 방금 만났던 사람조차 곧 잊어버리곤 했다.

❷ 奇貨可居(기화가거) 奇货可居 기이할 **奇** 재화 **貨** 옳을 **可** 있을 **居**

뜻밖의 이익을 얻을 수 있는 물건. 또는 그런 기회. 빌미.

「기화(奇貨)」란 기이한 보화란 뜻이다. 그러나 지금은 본래의 뜻과는 달리 흔히 죄를 범한 사람이 그 죄를 범할 수 있은 좋은 기회를 말한다.

검찰관이 피의자의 논고에 흔히 쓰는 말로 「이를 기화로 하여」란 말이 자주 나온다.

이 말의 유래는 《사기》 여불위전(呂不韋傳)에서 찾아볼 수 있다.

여불위는 한(韓)나라 수도 양적(陽翟)의 큰 장사꾼이었다. 각국을 돌아다니며 물건을 싸게 사다가 비싼 값으로 넘겨 수천 금의 재산을 모았다.

진소왕(秦昭王) 40년에 소왕의 태자가 죽고, 42년에 소왕은 둘째아들 안국군(安國君)을 태자로 책봉했다.

안국군에게는 20여 명의 아들이 있었다. 또 그에게는 대단히 사랑하는 첩이 있어서 그녀를 정부인으로 세우고 화양부인(華陽夫人)이라 부르게 했는데, 그녀에게는 아들이 없었다.

안국군의 많은 아들 중에 자초(子楚)라는 아들이 있었는데, 그의 어머니 하희(夏姬)는 안국군의 사랑을 받지 못하고 있었다. 자초는 전국 말기에 흔히 있던 인질로 조나라에 가 있게 되었다. 인질이란 서로 침략하지 않겠다는 약속의 증거로 서로 교환되는 사람으로, 대개 왕자나 왕손들이 인질로 가 있었다.

여불위 묘

그런데 진나라가 약속과는 달리 자꾸만 조나라를 침략해 왔기 때문에 자초에 대한 조나라의 대우는 갈수록 나빠져만 갔다. 감시가 심해질 뿐만 아니라 일상생활마저 어려워져 가는 형편이었다.

그럴 무렵, 여불위가 조나라 수도 한단(邯鄲)으로 장사차 들어오게 되었다. 그는 우연히 자초가 있는 집 앞을 지나치다가 자초의 남다른 행색을 보고 주위 사람들에게 그 내력을 물었다.

얘기를 다 듣고 난 여불위는 매우 딱한 생각을 하며, 타고난 장사꾼의 기질로 문득 혼자 이런 말을 던졌다.

「진기한 보물이다. 차지해야 한다(此奇貨 可居)」

이 때, 자초는 이인(異人)이란 이름을 쓰고 있었다.

이리하여 여불위는 자초를 만나 그를 갖은 방법으로 도와주고 위로하고 하여, 마침내는 그와 뒷날을 굳게 약속한 다음, 그를 화양부인의 아들로 입양을 시켜 안국군의 후사를 잇게 하는 데 성공했다.

그가 자초(子楚)의 환심을 사고 화양부인을 달래기 위한 교제비로 천금의 돈을 물 쓰듯 했다. 그러나 여불위는 약속 외에 무서운 음모를 품고 있었다. 그것은 그가 한단에서 돈을 주고 산, 얼굴이 기막히게 예쁘고 춤과 노래에 뛰어난 조희(趙姬)란 여자를 자초의 아내로 보내 준 것이다.

그녀의 뱃속에는 이미 여불위의 자식의 씨가 들어 있었다. 그것이 요행히 사내아이일 경우 진나라를 자기 자식의 손으로 남모르게 넘겨주겠다는 음모였다.

진시황

과연 아들을 낳았고, 조희는 정부인이 되었다. 이 아들이 뒤에 진시황이 된 여정(呂政)이었는데, 결국 여불위는 자기 아들의 손에 의해 목숨을 잃게 된다.

그러나 한 장사꾼으로서 불행 속에 있는 자초를 기화로 삼아 일거에 진나라 승상이 되어 문신후(文信候)란 이름으로 10만 호의 봉록에, 천하에 그의 이름과 세력을 떨쳤으니, 장사꾼의 출세로서는 그가 아마 첫손에 꼽히고도 남을 것이다.

❸ 忙中閑 (망중한) 忙中闲

바쁠 **忙** 가운데 **中** 한가할 **閑**

바쁜 가운데 한가로움. 즉 바쁨 속에서 잠깐 얻어낸 짬을 가리킨다.

바쁠수록 쉬어가라는 말도 있다. 아무리 바쁘다 해도 틈틈이 쉬어가면서 일을 해야 능률이 오르는 것이다.

❹ 猫鼠同處(묘서동처) 猫鼠同处 고양이 **猫** 쥐 **鼠** 함께 **同** 살 **處**

쥐와 고양이가 함께 산다는 뜻으로, 도둑을 잡아야 할 사람이 도둑과 한패가 됨. 곧 위아래가 부정하게 결탁하여 나쁜 짓을 함을 이르는 말로 쓰인다.

당고종

이 성어는 관리들이 결탁하여 부정을 저지르는 것을 말하고 있다.

《신당서》 서요(鼠妖)에 이런 얘기가 있다.

당(唐)나라 고종(高宗) 때 일이다. 낙주(洛州) 지방에 고양이와 쥐가 같이 살고 있는 요상한 일이 있었다. 쥐라고 하는 놈을 굴을 파고 들어와 곡식을 훔쳐 먹는 놈이고, 고양이는 이놈(쥐)을 잡는 것인데, 그 일을 하지 않고 쥐와 같이 살았다. 이것은 도둑놈을 잡는 일을 맡은 자가 그 직을 폐하고 같이 간사한 짓을 하는 것과 같다(龍朔元年十一月 洛州猫鼠同處 鼠隱伏象盜竊 猫職捕齧 而反與鼠同 象司盜者廢職容奸).

「묘서동면(猫鼠同眠)」이라고도 한다.

⑤ 破釜沈船 (파부침선)

破釜沈船　깨뜨릴 **破** 솥 **釜** 잠길 **沈** 배 **船**

결전에 임하는 각오.

밥 지을 솥을 깨뜨리고 돌아갈 때 타고 갈 배를 가라앉힌다는 뜻으로, 살아 돌아오기를 기약하지 않고 결사적 각오로 싸우겠다는 굳은 결의를 비유하는 말.

진(秦)나라 말기, 영웅들이 건곤일척(乾坤一擲)의 기개로 천하를 다툴 때의 이야기다. 무리한 진나라의 통일정책과 만리장성 쌓기 등 토목공사 등으로 백성들의 부담이 가중되면서 민심이 동요하기 시작하자, 진의 시황제 말년 극단적인 탄압정책이 시작되었다.

진시황의 만리장성

불로장생의 꿈을 이루지 못하고, 50세의 나이로 시황제가 사망하자, 진시황의 폭정을 견디다 못한 백성들은 마침내 이를 계기로 여기저기서 들고 일어나기 시작했다. 이에 진나라는 장군 장한(章邯)을 보내 항량(項梁)을 정도(定陶)에서 진압했다.

장한은 승세를 타고 조왕(趙王)을 크게 격파하고 거록을 포위하였다. 그러자 이에 맞서 항량의 조카 항우는 영포(英布)를 보내 막게 했지만

항 우

역부족이었다. 다급해진 조왕의 대장 진여(陳餘)가 항우에게 구원병을 요청하기에 이르렀다. 이에 항우는 직접 출병하기로 했다.

항우의 군대가 막 장하를 건넜을 때였다.

항우는 갑자기 타고 왔던 배를 부수어 침몰시키라고 명령을 내리고, 뒤이어 싣고 온 솥마저도 깨뜨려 버리고 주위의 집들도 모두 불태워버리도록 했다. 그리고 병사들에게는 3일 분의 식량을 나누어 주도록 했다. 이제 돌아갈 배도 없고 밥을 지어 먹을 솥마저 없었으므로 병사들은 결사적으로 싸우는 수밖에 달리 도리가 없었다.

과연 병사들은 출진하라는 명령이 떨어지기가 무섭게 적진을 향해 돌진하였다. 이렇게 아홉 번을 싸우는 동안 진나라의 주력부대는 궤멸되고, 이를 계기로 항우는 제장(諸將)의 맹주가 되었다.

비슷한 성어로 「배수진(背水陣)」이 있다.

❻ 深思默考 (심사묵고)

深思默考 깊을 **深** 생각 **思** 묵묵할 **默** 곰곰 생각할 **考**

고요히 깊이 생각함. 침묵해서 차분히 생각하는 모양. 심사숙고.

막천적지
❼ 寞天寂地 寞天寂地 쓸쓸할 寞 하늘 天 고요할 寂 땅 地

「천지가 몹시 쓸쓸하고 적적(寂寂)하다」라는 뜻으로, 매우 쓸쓸하고 고요한 것을 이르는 말. 「적막강산(寂寞江山)」이라고도 한다.

명(明)나라의 문인 낭영(郎瑛)이 지은 《칠수유고(七修類稿)》에 있는 이야기다.

「어사가 처음 임명을 받아 임지(任地)로 올 때에는 하늘이 놀라고 땅이 움직였는데, 몇 개월이 지나고 나면 천지가 어둡고 캄캄해지며, 어사가 부임한 곳을 떠날 때에는 하늘과 땅이 쓸쓸하고 고요하다(御史初至 則日驚天動地 過幾月 則日昏天黑地 去時 則日寞天寂地)」

탐욕이 많고 행실이 깨끗하지 못한 벼슬아치들의 행패를 비판한 구절로, 관리가 처음 부임해온 뒤 얼마 지나면 암흑천지(暗黑天地)로 변해 임지를 떠날 때에는 적막강산이 된다는 것이다. 황폐하여 괴괴하고 쓸쓸한 곳을 비유하는 말이기도 하다.

침묵적요
❽ 沈默寂寥 沈默寂寥 잠길 沈 잠잠할 默 고요할 寂 고요할 寥

《천자문》에 있는 말이다.

「홀로 떨어져 살고 한가롭게 머무니 잠긴 듯 말이 없고 고요하구나(索居閑處 沈默寂寥)」

《사기》 백이열전(伯夷列傳)에 있는 이야기다.

주(周)나라의 전설적인 형제 성인 백이(伯夷)와 숙제(叔齊)의 이야기다.

주(周)나라 무왕이 은(殷)나라 주왕(紂王)을 멸하자, 신하가 천자를 토벌한다고 반대하며 주나라의 곡식 먹기를 거부하고 수양산에서 굶어 죽었다.

수양산(首陽山)의 백이숙제

백(伯)과 숙(叔)은 장유(長幼)를 나타낸다. 본래는 은(殷)나라 고죽국(孤竹國, 하북성 창여현 부근)의 왕자였는데, 아버지가 죽은 뒤 서로 후계자가 되기를 사양하다가 끝내 두 사람 모두 나라를 떠났고 가운데 아들이 왕위를 이었다.

이후 백이와 숙제는 서백(西伯) 희창(姬昌, 훗날 주나라 문왕)이 어질다는 소문을 듣고 찾아갔으나, 그의 아들 무왕이 부친의 상중에 상나라 주왕을 정벌하는 것을 보고 부자지간의 예의와 군신지간의 의리를 들어 만류하려다가 목숨을 위협받았다.

그러나 무왕의 군사(軍師) 여상(呂尙, 강태공)의 도움으로 목숨을 구하고, 이후 두 사람은 무왕의 행위가 인의(仁義)에 위배되는 것이라 하여 주나라의 곡식 먹기를 거부하고, 수양산에 들어가 몸을 숨기고 고사리를 캐먹고 지내다가 굶어죽었다.

유가(儒家)에서는 이들을 청절지사(淸節之士)로 크게 높였다.

이 백이와 숙제 두 선비의 실천을 두고 「삭거한처 침묵적요」라는 표현을 쓰며 은둔한 채 살아가는 군자의 삶과 그 일상을 가리키는 말로 대변되었다.

그러나 청대(淸代)의 유명한 고증학자 고염무(顧炎武)의 고증에 의하면, 무왕이 주를 치러 갔을 때는 백이 숙제는 이미 죽고 세상에 없었다 한다. 결국 후세 사람들이 만들어 붙인 이야기에 불과하다고 주장했다.

93. 求古尋論 散慮逍遙 求古寻论 散虑逍遥

(구고심론 산려소요)

❶		견 見	란 卵	구 求	계 鷄		
❷				고 古	정 井	무 無	파 波
❸	왕 枉	척 尺	직 直	심 尋			
❹		반 半	부 部	논 論	어 語		
❺	풍 風	비 飛	박 雹	산 散			
❻			천 千	려 慮	일 一	실 失	
❼		산 散	려 慮	소 逍	요 遙		
❽		전 前	도 途	요 遙	원 遠		

풀이

❶ 見卵求鷄 (견란구계)

见卵求鷄 　 볼 **見** 알 **卵** 구할 **求** 닭 **鷄**

달걀을 보고 닭이 되어 울기를 바란다는 뜻으로, 지나치게 성급함을 이르는 말이다.

일이 이루어지기 전에 결과를 보려는 성격이 매우 급한 사람을 비유하는 말로, 「우물가에 가서 숭늉 찾는다」, 「콩밭에 가서 두부 찾는다」 따위의 우리 속담과 비슷한 뜻이다.

《장자》 제물론(齊物論)에 이런 이야기가 있다.

구작자(瞿鵲子)가 스승인 장오자(長梧子)에게 물었다.

「공자(孔子)의 말을 들어보면, 성인(聖人)은 속된 세상일에 종사하지 않고 이로움을 추구하지 않으며, 말하지 않아도 말한 듯, 말해도 말하지 않은 것처럼 표현되며 속세를 떠나 노닌다고 하였습니다. 공자는 이 말이 터무니없지만 미묘한 도(道)를 실행하는 것이라 하였습니다. 선생님은 어떻게 생각하십니까?」

장오자는 이렇게 대답했다.

「이 말은 황제가 들었다고 해도 당황했을 텐데, 네가 어찌 그것을 알겠느냐? 너는 지나치게 서두르는구나. 달걀을 보고 닭울음소리로 새벽을 알리기를 바라거나, 탄알을 보고 새구이를 먹기 바라는 것과 같구나(見卵而求時夜 見彈以求鴞炙)」

「견탄구자(見彈求炙)」, 「견탄구효(見彈求鴞)」 라고도 한다.

❷ 古井無波 (고정무파)

古井无波　옛 **古** 우물 **井** 없을 **無** 물결 **波**

맹 교

오래 된 우물에는 물결이 일지 않는다는 뜻으로, 마음을 굳게 가져 정절을 지키는 여자를 비유하는 말.

「고정불파(古井不波)」라고도 한다. 오래 된 우물 속에는 물이 말라 물결이 일지 않는다는 표현으로, 수절(守節)하는 여인을 비유한다. 「마음이 옛 우물과 같이 고요하다「라는 뜻인 「심여고정(心如古井)」과 같은 의미로 사용된다.

「심여고정」은 당나라 때의 시인 맹교(孟郊)가 지은 「열녀조(列女操)」라는 시 가운데 「출렁이는 물결 결코 일으키지 않으니, 여인의 마음 우물 속 고요한 물과 같구나(波瀾誓不起 妾心井中水)」라는 시구에서 비롯되었다.

오동나무는 함께 늙기를 기다리고
원앙새는 모여 쌍쌍이 죽는다.
정결한 부인은 남편 따라 죽기를 소중히 여기니
목숨 버리기를 이와 같이 한다.
물결 일으키지 않을 것을 맹서하노니
제 마음 우물 안 조용한 물과 같아요.

梧桐相待老 鴛鴦會雙死 오동상대노 원앙회쌍사
貞婦貴殉夫 舍生亦如此 정부귀순부 사생역여차
波瀾誓不起 妾心井中水 파란서부기 첩심정중수

「물결 일으키지 않기를 맹서하노니, 여인의 마음 우물 안 고요한 물과 같구나(波瀾誓不起 妾心井中水)」라는 시구에서 비롯되었다.

그런데 이 말은 여인들이 정조를 지키는 데만 쓰인 것이 아니라 의지가 꺾이거나 흔들리지 않아 쉽사리 감정적 충동을 느끼지 않는 경우를 비유하는 데 쓰이기도 한다.

고정무파와 상반된 말로서, 「옛 우물(또는 마른 우물)에 물결이 인다」는 뜻의 고정중파(古井重波) 또는 고정생파(枯井生波)라는 성어는 일어날 가능성이 별로 없는 일을 비유하는 데 사용된다.

❸ 枉尺直尋 (왕척직심)

枉尺直寻 굽을 **枉** 자 **尺** 곧을 **直** 찾을 **尋**

짧은 것은 굽히고 긴 것을 편다는 뜻으로, 소(小)를 희생시켜 대(大)를 살림.

가끔은 자신의 원칙을 버리고 세상의 상식과 맞추는 것도 중요하다.

내가 생각하는 것이 아무리 옳더라도 세상이 받아들일 준비가 되어 있지 않으면 때로는 자신의 생각을 구부려 세상의 추이와 함께 하는 것이 현명한 방법이다.

세상 사람들은 이런 생각을 유연성이니 권도니 하며 세상에 영합하는 것을 현명하다고 자위한다. 그러나 《맹자》에 보면 이런 명분 없이 세상을 사는 것에 대하여 강하게 부정하고 있다.

맹 자

《맹자(孟子)》 등문공하(滕文公下)에 있는 말이다.

맹자의 제자 중에 진대(陳代)라는 사람이 맹자에게 이런 의견을 내 놓는다.

「선생님! 지금 선생님은 너무 옳은 것만 추구하십니다. 옛 말에 한 자를 구부려 여덟 자를 편다면 마땅히 그리해야 한다는 말이 있습니다(且志 曰枉尺而直尋 宜若可爲也). 선생님 부디 세상을 탓하지 마시고 선생의 조그만 절개를 구부려 세상을 구제하소서!」

그러니까 지금 나의 한 자 되는 조그만 절개를 구부려 세상의 상식과 영합하여 8자를 펴는 큰 결과를 얻는다면 마땅히 그렇게 해야 한다는 것이다.

맹자는 단호히 거부하여 이렇게 말한다.

지사는 자신이 죽어 저 도랑에서 구를 수 있다는 것을 한시라도 잊어서는 안 된다(志士 不忘在溝壑).

용사는 자신의 머리가 언제든지 잘릴 수 있다는 것을 잊어서는 안 된다(勇士 不忘喪其元)!

한 자를 구부려 여덟 자를 편다는 것은 단순히 이익이라는 관점에서 보는 것이다. 세상을 단순히 이익의 관점에서 보면 극악무도한 일도 못할 일이 없는 것이다. 참으로 맹자다운 말이다.

절개를 잃고 세상에 아부하는 것이 유연성이란 이름으로 포장되고 있는 시대이다. 세상에는 구부려서는 안 될 원칙과 정도도 반드시 있는 것이다.

④ 半部論語 (반부논어)

半部論语 반 半 구분할 部 논할 論 말씀 語

「반부논어치천하(半部論語治天下)」라고 한다. 반 권의 《논어》로 천하를 다스린다는 뜻이다. 자신의 지식을 겸손하게 이르거나 학습의 중요함을 비유적으로 표현한 말이다.

송(宋)나라 나대경(羅大經)이 쓴 《학림옥로(鶴林玉露)》에 있는 이야기다.

조 보

송(宋) 태조 조광윤(趙光胤)을 도와 천하를 통일하는 데 큰 공을 세운 사람 가운데 조보(趙普)라는 사람이 있었다. 그는 어릴 때부터 전쟁터에 나가 글공부 할 틈이 없어 학문에 어두웠으므로 늘 이 점을 염려하여 퇴근한 뒤에는 두문불출하며 글을 읽어 마침내 많은 학식을 갖추게 되었다.

태조가 죽고 태종이 즉위한 뒤에도 승상으로 임용되어 국정을 잘 살폈는데, 시기하는 사람들이 그를 몰아내기 위해 「그는 겨우 《논어》밖에 읽지 못해서 중책을 맡기기 어렵다」는 소

송태종

문을 퍼뜨렸다. 태종이 조보를 불러 묻자 그는 이렇게 대답했다.

「신(臣)이 평생에 아는 바는 진실로 《논어》를 넘지 못합니다. 그러나 그 반 권의 지식으로 태조께서 천하를 평정하시는 것을 보필하였고, 지금은 그 나머지 반으로써 폐하께서 태평성대를 이룩하시는 데 도움이 되고자 합니다(臣平生所知 誠不出此 昔以其半輔太祖定天下 今欲以其半輔陛下治太平)」

조보가 죽은 뒤 가족이 유품을 정리하다가 그의 책상자를 열어보니, 정말 《논어》 밖에 들어 있지 않았다고 한다. 모름지기 학문을 하는 사람은 자신의 지식을 겸손해 할 줄 알아야 함을 이른 말이다.

❺ 風飛雹散(풍비박산) 风飞雹散 바람 **風** 날 **飛** 우박 **雹** 흩어질 **散**

바람이 불어 우박(雨雹)이 이리 저리 흩어진다는 뜻으로, 엉망으로 깨어져 흩어져 버림. 사방으로 흩어짐.

한편 우리가 잘못 쓰는 표현 가운데 하나로, 「풍지박산」은 잘못된 말이다.

❻ 千慮一失 (천려일실)

千慮一失 일천 千 생각할 慮 한 一 잘못할 失

「천려일실」은 천 번 생각에 한 번 실수란 말인데, 「지자천려 필유일실(知者千慮 必有一失)」이 약해진 말이다. 즉 아무리 지혜가 있는 사람이라도 여러 가지 생각을 하다 보면 한두 가지 미처 생각지 못하는 점이 있다는 말이다. 「원숭이도 나무에서 떨어질 때가 있다」는 우리 속담과 비슷한 뜻이다.

이것과 반대되는 말에 「천려일득(千慮一得)」이 있다. 여러 번 생각을 하다 보면 한 번쯤 맞는 수도 있다. 이 말 역시 「우자천려 필유일득(愚者千慮 必有一得)」이란 말이 약해져서 된 말이다. 즉 아무리 어리석은 사람도 이 생각 저 생각 하다 보면 한두 번쯤 맞는 수가 있다는 이야기다.

《사기》 회음후열전(淮陰侯列傳)에 있는 이야기다.

회음후 한신이 조나라를 치게 되었을 때, 광무군 이좌거(李左車)는 성안군(城安君)에게 3만의 군대를 자기에게 주어 한신이 오게 될 좁은 길목을 끊게 해달라고 요구했다. 그러나 성안군은 이좌거의 말을 듣지 않고, 한신의 군대가 다 지나오기만을 기다리고 있다가 패해 죽고 말았다.

이좌거의 말대로 했으면 한신은 감히 조나라를 칠 엄두조차 낼 수 없었다. 한신은 간첩을 보내 이좌거의 계획이 뜻대로 이뤄지지 않은 것을 알고 비로소 군대를 전진시켰던 것이다.

한신은 조나라를 쳐서 이기자 장병에게 영을 내려 광무군 이좌거를 죽이지 말 것과, 그를 산 채로 잡아오는 사람에게 천금 상을 줄 것을

한신의 배장대(拜將臺)

약속했다.

이리하여 이좌거가 포박을 당해 한신 앞에 나타나자, 한신은 손수 그를 풀어 상좌에 앉히고 스승으로 받들었다. 그리고 그가 사양하는 것도 불구하고, 굳이 앞으로 어떻게 하면 좋겠는가를 물었다. 그러자 그는,

「나는 들으니 지혜로운 사람이 천 번 생각하면 반드시 한 번 잃는 일이 있고, 어리석은 사람이 천 번 생각하면 반드시 한 번 얻는 것이 있다고 했습니다(智者 千慮必有一失 愚者千慮必有一得). 그러기에 말하기를, 미친 사람의 말도 성인이 택한다고 했습니다. 생각에 내 꾀가 반드시 쓸 수 있는 것이 못되겠지만, 다만 어리석은 충성을 다할 뿐입니다」 하고 한신으로 하여금 연나라와 제나라를 칠 생각을 말고 장병들을 쉬게 하라고 권했다.

결국 한신은 이 이좌거의 도움으로 크게 성공을 하게 된다.

「천려일실」은 너무 안다고 자신하지 말라는 교훈도 되고, 또 실수에 대한 변명이나 위로의 말로 쓰이기도 한다.

「우자천려필유일득(愚者千慮必有一得)」에서 「어리석은 사람의 천 가지 생각 중에도 한 가지 얻을 것이 있다」라는 뜻으로, 「천려일득(千慮一得)」이라는 성어도 생겨났다.

⑦ 散慮逍遙 (산려소요)

散虑逍遥 흩어질 **散** 생각 **慮** 노닐 **逍** 노닐 **遙**

《천자문》에 있는 말이다.

「옛것에서 도를 구하여 깊이 강론하고, 걱정을 흩어버리고 한가로이 노닌다(求古尋論 散慮逍遙)」

옛사람이 남긴 말과 책에서 도를 구하여 깊이 강론하고 속된 생각을 흩어버리고, 거닐며 자적(自適)한다는 말이다. 세상사를 떠난 사람은 속된 욕심이 있을 수 없으며, 오직 침묵하는 가운데 고인(古人)의 뜻을 책 속에서 구한다.

《논어》 술이편에, 「공자가 말하기를, 나는 나면서부터 알고 있는 사람이 아니라 옛일을 좋아해서 재빨리 그것을 구한 자이다(子曰我非生而知之者 好古敏以求之者也)」라는 구절이 있는 것이다.

여기서 「생이지지(生而知之)」는 학문을 닦지 않아도 태어나면서부터 안다는 뜻으로, 생지하는 성인을 이르는 말이다.

공자는 「생이지지」의 성인으로 추앙받는다. 그럼에도 그가 이렇게 말한 것은, 학문의 완성은 자질만으로 되는 것이 아니라 부지런히 배움으로써 이루어진다는 것을 강조하기 위함에서이다.

⑧ 前途遙遠 (전도요원)

前途遥远 앞 **前** 길 **途** 아득할 **遙** 멀 **遠**

앞으로 갈 길이 아득히 멀리 있음. 목적한 바에 이르기에는 아직도 멀리 있음.

94. 欣奏累遣 慼謝歡招 (흔주누견 척사환초) 欣奏累遣 感谢欢招

	1	2	3	4
❶	欣 (흔)	喜 (희)	雀 (작)	躍 (약)
❷	欣 (흔)	奏 (주)	累 (누)	遣 (견)
❸	累 (누)	卵 (란)	之 (지)	危 (위)
❹	情 (정)	恕 (서)	理 (이)	遣 (견)
❺	慼 (척)	謝 (사)	歡 (환)	招 (초)
❻	叩 (고)	頭 (두)	謝 (사)	恩 (은)
❼	菽 (숙)	水 (수)	之 (지)	歡 (환)
❽	招 (초)	搖 (요)	過 (과)	市 (시)

풀이

❶ 欣喜雀躍(흔희작약) 欣喜雀跃 기뻐할 **欣** 기쁠 **喜** 참새 **雀** 뛸 **躍**

참새가 날아오르듯이 춤춘다는 뜻으로, 크게 기뻐함을 이르는 말.

❷ 欣奏累遣(흔주누견) 欣奏累遣 기쁠 **欣** 아뢸 **奏** 여러 **累** 보낼 **遣**

《천자문》에 있는 말이다.

「기쁜 일은 아뢰고 근심은 흩어 버리며, 슬픔이 사라지고 즐거움이 손짓하여 부른다(欣奏累遣 感謝歡招)」

번루(煩累)한 일을 잊어버리고 유유자적(悠悠自適)하니 기쁨은 모여든다. 자기 생활에 만족하고 잡된 생각을 버리면 이렇게 달관한 경지에 도달하게 되는 것이다.

《한서(漢書)》 소광전찬(疏廣傳贊)에 이런 말이 있다.

「그치어 만족할 줄 알아야만 욕되고 위태로운 누(累)를 면한다」 했다.

한적한 곳에 살면서 몸을 감추어 세상의 풍속과 관습에 얽매이지 않는다면 항상 느긋하고 편안한 마음을 가지고 여유롭게 살 수 있을 것이다. 이렇게 산다면 마음에는 거리낄 것이 없고 또한 걱정할 일이 없어 슬픔은 사라지고 기쁨만이 찾아올 것이다.

이 말은 바로 그런 삶을 사는 군자(君子)에 관한 이야기다. 아직 때를 못 만나 비록 숨어 살지만 스스로 만족하는 삶을 사는 군자를 두고 하는 말이다.

❸ 累卵之危 (누란지위)

累卵之危 포갤 **累** 알 **卵** 의 **之** 위태로울 **危**

쌓아올린 새알처럼 몹시 아슬아슬한 위기.

「누란(累卵)」은 높이 쌓아올린 알이란 뜻이다. 조금만 건드리거나 흔들리거나 하면 와르르 무너지고 만다. 이보다 더 무너지기 쉬운 것은 없을 것이다. 그래서 아주 위험한 상태에 있는 것을 「누란지위」라고 한다.

이 말의 출전인 《사기》 범수채택열전(范雎蔡澤列傳)에는, 「알을 쌓아올린 것보다 더 위험하다(危於累卵)」고 되어 있다.

전국시대에는 소진처럼 제후들 사이를 유세하며 다니는 소위 종횡가라고 불리는 변설에 능한 무리들이 횡행했다. 그들은 모두 자기 능력을 인정받아 제후에 고용되어 출세하고자 필사적으로 노력했다.

위(魏)나라의 가난한 집안에 태어난 범수(范雎)도 그 가운데 한 사람이었다. 그의 조국 위나라에서 억울한 죄명으로 자칫 죽을 뻔한 끝에 용케 살아나 도망쳐 장록(張祿)이란 이름으로 행세하며, 마침 위나라를 다녀서 돌아가는 진(秦)나라 사신 왕계(王季)의 도움으로 진나라로 망명

누명을 쓰고 달아나는 범수

을 하게 된다.

이때 왕계는 진나라 왕에게 이렇게 보고했다.

「위나라에 장록이란 천하에 뛰어난 변사가 있습니다. 그가 말하기를 『진나라는 지금 알을 쌓아둔 것보다도 더 위험하다. 나를 얻으면 안전하게 될 수 있다. 그러나 이것을 글로는 전할 수 없다(秦王之國 危於累卵 得臣則安 然不可以書傳也』고 하는 터라 신이 데리고 왔습니다」

그러나 범수가 진왕을 만나 실력을 발휘하게 된 것은 이로부터 다시 1년이 지난 뒤 원교근공책(遠交近攻策)을 진언하여 진(秦)나라에 큰 공을 세웠다.

❹ 情恕理遣(정서이견) 情恕理遣 뜻 **情** 용서할 **恕** 다스릴 **理** 달랠 **遣**

정으로 용서하고 이에 비추어 용서한다.

사람이나 물건을 정으로 대하여 부드럽게 함을 이르는 말이다. 《진서(晉書)》

❺ 慼謝歡招(척사환초) 慼谢欢招 근심 **慼** 사례할 **謝** 기쁠 **歡** 부를 **招**

심중(心中)의 슬픈 것은 없어지고 즐거움만 부른 듯이 오게 됨.

《천자문》에 있는 말이다.

「기쁜 일은 아뢰고 근심은 흩어 버리며, 슬픔이 사라지고 즐거움이 손짓하여 부른다(欣奏累遣 感謝歡招)」

덧없는 욕심을 버리고 자연 속에서 살면 마음이 편안해지니 늘 기쁜(欣) 일이 모이고(奏), 괴롭고(累) 번거로운 일은 저절로 보내게(遣) 된다.

❻ 叩頭謝恩 (고두사은)

叩头谢恩 조아릴 **叩** 머리 **頭** 사례할 **謝** 은혜 **恩**

머리를 조아리며 은혜에 감사함.

땅에 닿도록 머리를 구부리고 은혜에 고마워한다는 뜻으로, 받은 은혜가 아주 클 때 쓰는 말이다. 유교적 표현 방식으로, 구어(口語)에서는 거의 쓰지 않고 문어체(文語體)에서 많이 쓴다.

김만중

조선시대의 학자이자 문장가인 김만중(金萬重)의 소설 《구운몽(九雲夢)》에, 「승상(丞相)이 성은(聖恩)을 감격하여 고두사은하고 거가(擧家)하여 취미궁(翠媚宮)으로 옮아가니」 라든가,

신재효(申在孝) 판소리 여섯 마당 가운데 《심청가(沈淸歌)》에 나오는 「누만 명 맹인들이 이 내력을 다 듣고서 고두사은 여짜오되」 등이 그 예이다.

백배사은(百拜謝恩, 백 번 절하며 은혜에 사례함)이나, 여러 번 절을 거듭하며 사례한다는 뜻의 백배사례(百拜謝禮)·백배치사(百拜致謝), 머리가 땅에 닿도록 거듭 절한다는 뜻의 돈수백배(頓首百拜), 머리가 땅에 닿도록 두 번 절한다는 뜻의 돈수재배(頓首再拜) 등도 비슷한 말이다. 이 가운데 돈수백배나 돈수재배 등은 편지 끝에 경의를 표하는 뜻으로 쓰기도 한다. (《두산백과》)

숙 수 지 환

❼ 菽水之歡

菽水之欢 콩 **菽** 물 **水** 의 **之** 기뻐할 **歡**

콩을 먹고 물을 마시는 가난한 생활 속에서 부모에게 효도를 다하여 그 마음을 기쁘게 하는 것.

가난한 중에도 부모를 잘 섬기는 즐거움을 이르는 말이다. 《예기》 단궁편(檀弓篇).

초 요 과 시

❽ 招搖過市

招摇过市 부를 **招** 흔들릴 **搖** 지날 **過** 저자 **市**

「남의 이목을 끌도록 요란스럽게 저자거리를 지나간다」 라는 뜻으로, 허풍을 떨면서 남들의 주의를 끌다. 즉 허장성세(虛張聲勢)로 사람들의 이목을 끄는 것을 비유하는 말.

공자의 제자들

거백옥

공자(孔子)가 위(衛)나라에 가서 거백옥(蘧伯玉)의 집에 머물 때였다.

거백옥은 이름은 원(瑗), 춘추시대 위(衛)나라 사람으로 자가 백옥이다. 위 영공(靈公) 때 대부를 지냈다. 겉은 관대하지만 속은 강직한 성품으로, 자신은 바르게 했지만 남을 바르게 하지는 못했다. 전하는 말로 나이 50살에 49년 동안의 잘못을 알았다고 한다. 잘못을 고치는 데 늑장을 부리지 않았다.

위나라 영공(靈公)의 부인인 남자(南子)가 사람을 보내 공자에게 면회를 청했다.

공자는 처음에는 사양하였으나, 남자가 거듭 사람을 보내 요청하자 하는 수 없이 만나러 갔다. 남자는 휘장을 드리우고 공자를 만났는데, 패옥(佩玉)이 부딪치는 소리가 요란스럽게 들렸다. 이러한 행동은 예의에 맞지 않는 것이었다. 그래서 공자는 자로에게 말했다.

「나는 그녀를 만나고 싶지 않았으나, 기왕에 만났으니 예로써 대해주어야겠다」

그러자 자로는 싫은 내색을 했다. 그러자 공자가 말했다.

「내가 잘못이라면 하늘이 나를 미워할 것이다」

위나라에 머문 지 한 달이 지났을 무렵, 영공과 부인 남자는 함께 수레를 타고 행차하였다. 그런데 환관 옹거는 수레에 함께 태우고, 공자에게는 뒷수레를 타고 따라오게 하면서 요란스레 저잣거리를 지나갔다

(使孔子爲次乘 招搖過市之).

공자는 이를 두고 「나는 덕(德)을 좋아하기를 색(色)을 좋아하는 것과 같이 하는 자를 보지 못하였다」라고 했다. 그리고는 영공이 자신을 그와 같이 대하는 것을 치욕으로 여기고 위나라를 떠나 조(曹)나라로 갔다.

공 자

95. 渠荷的歷 園莽抽條 渠荷的歷 园莽抽条

거하적력 원망추조

❶ 水到渠成 (수도거성)

❷ 賊反荷杖 (적반하장)

❸ 弓的相適 (궁적상적)

❹ 蓬頭歷齒 (봉두역치)

❺ 桃園結義 (도원결의)

❻ 草莽之臣 (초망지신)

❼ 園莽抽條 (원망추조)

❽ 金科玉條 (금과옥조)

풀이

❶ 水到渠成(수도거성) 水到渠成 물 **水** 이를 **到** 도랑 **渠** 이룰 **成**

물이 흐르면 저절로 흙이 깎여서 도랑이 생긴다는 뜻으로, 조건이 갖추어지면 사물은 저절로 성사됨의 비유.

《오등회원(五燈會元)》에 있는 말이다.

한 수행자가 남탑광용(南塔光涌, 850~938) 선사에게 물었다.

「신통하게 쓰일 한 말씀이 무엇입니까?(如何是妙用一句)」

선사가 말했다.

「물이 흐르면 자연히 도랑이 생기게 된다(水到渠成)」

또 소식(蘇軾)의 《동파전집(東坡全集)》 답진태허서(答秦太虛書)에,

「전대 속에 남은 돈이 한 해 살 정도는 되니 때가 되면 그 때 가서 딴 방법을 생각해도 되고, 물이 이르면 도랑이 이루어지는 법, 미리부터 걱정할 필요가 없으니 지금 내 맘 속에는 걸리는 일이 하나도 없다네(水到渠成 不須預慮 以此胸中都無一事)」

소식(동파)

때가 오면 자연히 이루어지거나, 조건이 갖춰지면 일이 자연스럽게 이뤄지거나, 학문을 열심히 닦아 조예가 깊어지면 명성이

절로 난다. 따라서 마음에 두고 억지로 이루려고 하지 말라는 뜻으로 쓰인다.

「꿀과 향기가 있으면 벌 나비 부르지 않아도 모이고, 학식과 지덕이 넘치면 부르지 않아도 사람이 모이고, 알면 세상이 맑고 밝아 산뜻하게 보이고, 모르면 캄캄하고 지루한 밤길을 걷고……」

자기가 처한 분야에서 능력을 발휘하여 조예가 깊어지면 명성은 저절로 난다는 뜻이 함축되어 있다.

❷ 賊反荷杖(적반하장) 贼反荷杖 도둑 **賊** 되돌릴 **反** 멜 **荷** 몽둥이 **杖**

도둑이 되레 매를 든다는 뜻으로, 잘못한 사람이 도리어 잘한 사람을 나무라는 경우를 빗대어 표현한 말이다.

조선 인조 때의 학자이자 시평가(詩評家)인 홍만종(洪萬宗)의 문학평론집 《순오지(旬五志)》에 있는 말이다.

「적반하장은 도리를 어긴 사람이 오히려 스스로 성내면서 업신여기는 것을 비유한 말이다(賊反荷杖以比理屈者反自陵轢)」

이처럼 적반하장은 잘못한 사람이 잘못을 빌거나 미안해하기는커녕 오히려 성을 내면서 잘한 사람을 나무라는 어처구니없는 경우에 기가 차다는 뜻으로 흔히 쓰는 말이다.

「적반하장도 유분수지?」 하는 식으로 쓰인다.

주인과 손님이 서로 바뀌어 손님이 도리어 주인행세를 한다는 뜻의 「주객전도(主客顚倒)」, 「객반위주(客反爲主)」와 뜻이 통한다. 또 내가 부를 노래를 사돈이 부른다는 뜻의 「아가사창(我歌查唱)」도 같은 뜻이다.

우리말 속담에 「방귀 뀐 놈이 성낸다」, 「물에 빠진 놈 건져 놓으니까 내 봇짐 내놓으라 한다」 등이 비슷한 말이다.

❸ 弓的相適 (궁적상적)

弓的相适 활 **弓** 과녁 **的** 서로 **相** 맞을 **適**

활과 과녁이 서로 맞았다는 뜻으로, 기회가 서로 들어맞는다는 말

하려는 일에 딱 맞는 기회가 때맞추어 왔다는 말이다.

❹ 蓬頭歷齒 (봉두역치)

蓬头歷齿 쑥 **蓬** 머리 **頭** 지낼 **歷** 이 **齒**

쑥대강이같이 흐트러진 머리털과 성긴 이. 노인이 됨. 노인의 용모를 형용한 말이다.

남조 양(梁)나라 때의 시인 유신(庾信, 513~58)의 「죽장부(竹杖賦)」에 있는 말이다.

유 신

쑥처럼 더부룩한 머리에 때가 낀 얼굴이란 뜻으로, 외양을 꾸미지 않아 주제꼴이 사나운 모양. 또는 성질이 털털하여 외양에 개의치 않음을 이르는 말로,

「봉두구면(蓬頭垢面)」이란 성어도 있다.

우리말 가운데 쑥대머리란 표현이 있는데, 채가 긴 머리털이 마구 흐트러져 어지럽게 된 머릿결을 가리킨다. 봄이 되면 여기저기 피어나는 쑥은 그 맛이 일품인데도 아무렇게나 어지럽혀진 모습에 비유된다. 그래서 쑥밭 하면 모든 것이 무너지고 빈터만 남은 거친 땅을 가리키기도 한다.

그래서 아무렇게나 자란 쑥처럼 더부룩하고 헝클어진 머리를 「봉두난발(蓬頭亂髮)」이라고 한다.

⑤ 桃園結義(도원결의) 桃园结义 복숭아 **桃** 뜰 **園** 맺을 **結** 맺을 **義**

의기투합해서 함께 사업이나 일을 추진함의 비유.

소설 치고 《삼국지연의》처럼 많이 읽힌 책은 없을 것이다. 그 《삼국지연의》 맨 첫머리에 나오는 제목이 「도원결의」다.

전한(前漢)은 외척에 의해 망했고, 후한은 환관에 의해 망했다고 한다. 그러나 후한의 직접적인 붕괴를 가져오게 한 것은 황건적의 봉기였다. 어지러워진 국정에 거듭되는 흉년으로 당장 먹을 것이 없어 굶주린 백성들은 태평도(太平道)의 교조 장각(張角)의 깃발 아래로 모여들어 누런 두건을 머리에 두르고 황건적이 되었다. 그래서 삽시간에 그 세력은 50만으로 불어났다.

이를 진압하기 위한 관군은 이들 난민들 앞에서는 너무도 무력했다. 당황한 정부에서는 각 지방장관에게 용병을 모집해서 이를 진압하라는 지시를 내렸다.

유주(幽州) 탁현에 의용군 모집의 방이 높이 나붙었을 때의 이야기다. 맨 먼저 이 방 앞에 발길을 멈춘 청년은 바로 현덕 유비였다. 유비는 나라 일을 걱정하며 길게 한숨을 내쉬었다. 이때,

「왜 나라를 위해 싸울 생각은 않고 한숨만 쉬고 있는 거요?」

유비를 책망한 사람은 다름 아닌 익덕(翼德) 장비(張飛)였다. 두 사람은 서로 인사를 교환한 다음 함께 나라 일을 걱정했다. 가까운 술집으로 들어가 이야기를 하고 있는데, 한 거한이 들어왔다. 그가 바로 운장(雲長) 관우(關羽)였다. 이들 셋은 자리를 같이하고 술을 나누며 이야기하는 동안 서로 뜻이 맞아 함께 천하를 위해 손잡고 일하기로 결심을 했다. 이리하여 장비의 제안으로, 그의 집 후원 복숭아밭에서 세 사람이 형제의 의를 맺고, 힘을 합쳐 천하를 위해 일하기로 맹세를 했다. 이때에 맹세한 내용을 원문에 있는 그대로 옮기면 이렇다.

유비 · 관우 · 장비

「유비 · 관우 · 장비는 비록 성은 다르지만 이미 의를 맺어 형제가 되었으니, 곧 마음을 같이하고 힘을 합해 괴로운 것을 건지고, 위태로운 것을 붙들어 위로는 국가에 보답하고 아래로는 만백성을 편안케 하리라. 같은 해 같은 달 같은 날 나기를 구할 수는 없지만, 다만 같은 해

같은 달 같은 날 죽기를 원한다. 천지신명은 실로 이 마음을 굽어 살피소서. 의리를 저버리고 은혜를 잊는 일이 있으면 하늘과 사람이 함께 죽이리라」

삼고초려

이리하여 세 사람은 지방의 3백여 명 젊은이들을 이끌고 황건적 토벌에 가담하게 되었고, 뒤에 제갈공명을 유현덕이 삼고초려(三顧草廬)로 맞아들임으로써 조조(曹操)·손권(孫權)과 함께 천하를 셋으로 나누어 삼국시대를 이루게 된 것은 너무도 잘 알려진 사실이다.

물론 위에 말한 도원결의는 작가의 머리로 만들어낸 이야기다. 그러나 이 소설이 끼친 영향은 너무도 커서, 중국 민중들 사이에는 이 도원결의가 의형제를 맺을 때의 서약의 모범으로 되고 있다.

❻ 草莽之臣(초망지신) 草莽之臣 풀 **草** 잡초 **莽** 갈 **之** 신하 **臣**

벼슬하지 아니하고 민간에 묻혀 사는 사람.

《맹자》 만장편에 있는 말이다.

만장(萬章)이 말했다.

「제후를 만나 보지 않으심은 무슨 뜻인지 감히 여쭙습니다(敢問不

見諸侯 何義也)」

맹자가 말했다.

「도읍(國)에 있으면 시정(市井)의 신하라 하고, 시골(野)에 있으면 초망(草莽)의 신하라고 하는데(在國曰市井之臣 在野曰草莽之臣), 모두 서인(庶人)이라고 부른다. 서인이 예물(質)을 전하여 신하가 되지 않고서는 감히 제후를 뵙지 못함이 예의다」

맹 자

다시 만장이 말했다.

「서인이 부역(役)에 부르면 가서 부역(役)하는데, 임금이 보고자 하여 불렀는데 가보지 않음은 어째서입니까?」

「가서 부역(役)함은 의(義)이지만, 가서 만나봄은 불의(不義)이다.

가서 부역(役)함은 평민의 직책이요, 가서 만나보지 않음은 사(士)의 예(禮)이다.

여기서 「시정지신(市井之臣)」은, 백성들은 저잣거리에 모이므로 도읍지에 사는 이를 가리켜 말한 것이다. 또한 「초망지신(草莽之臣)」은, 시골은 풀이 우거져 있으므로 재야(在野, 시골)에 사는 이를 가리켜 말한 것이다.

❼ 園莽抽條 (원망추조)

园莽抽条 동산 **園** 풀 **莽** 뽑을 **抽** 가지 **條**

밭이 우거졌으니 풀을 뽑고 가지를 다듬는다.

《천자문》에 있는 말이다.

「도랑의 꽃은 빛이 또렷하고, 동산의 잡초는 죽죽 뻗어 우거졌다(渠荷的歷 園莽抽條)」

연꽃과 잡초는 더러운 물과 척박한 토양에서도 자라는 대표적인 식물들이다. 좋은 환경과 토양에서 자라는 아름다운 화초와는 대조되는 식물이라고 할 수 있다.

이 구절은 그윽한 뜰 가운데 개울과 잡초를 읊었다. 연잎은 선명하고 연꽃은 만개하였을 것이며, 초목이 무성하게 자라 싱그러운 동산의 모습이다. 이러한 동산에 묻혀 지낸다면 속세의 번다함을 잊을 수 있을 것이다. 구실살이 하지 않는 은사(隱士)가 사는 곳의 한아(閒雅)한 풍경을 떠올릴 것이다.

부귀와 영화, 권력과 출세의 삶을 추구하는 사람에게는 아름답고 화려한 화초(花草)만이 값진 것으로 보이지만, 자신을 알아주지 않더라도 스스로 만족하는 삶을 사는 군자(君子)에게는 누구 하나 눈길조차 주지 않는 잡초마저 군자의 풍모를 지닌 것으로 보이는 것이다.

❽ 金科玉條 (금과옥조)

金科玉条 쇠 **金** 과정 **科** 구슬 **玉** 가지 **條**

금옥(金玉)과 같은 법률이라는 뜻으로 소중히 여기고 꼭 지켜야 할 법이나 규정.

과조(科條)는 낱낱의 조목(箇條). 귀중한 법률, 규칙. 누구라도 범해서는 안 되는 규정된 바.

한(漢)나라 양웅(揚雄)의 《극진미신(劇秦美新)》에 있는 말이다.

「아름다운 법도(六律)와 도량형(度量衡), 금옥(金玉)과 같은 법률, 신령스런 점괘, 선왕의 전적(典籍)들이 모두 피어나도다(懿律嘉量 金科玉條 神封靈兆 古文畢發)」

양 웅

96. 枇杷晩翠 梧桐早凋 枇杷晩翠 梧桐早凋

비파만취 오동조조

❶ 乾坤一擲 (건곤일척)

❷ 管鮑之交 (관포지교)

❸ 能書不擇筆 (능서불택필)

❹ 道不拾遺 (도불습유)

❺ 馬上得之 (마상득지)

❻ 負荊請罪 (부형청죄)

❼ 有無相生 (유무상생)

❽ 三寸之舌 (삼촌지설)

풀이

96. 枇杷晩翠 梧桐早凋

비파만취 오동조조

비파나무 **枇** 비파나무 **杷** 늦을 **晩** 푸를 **翠** 오동나무 **梧** 오동나무 **桐** 이를 **早** 시들 **凋**

「비파나무 잎사귀는 늦도록 푸르고, 오동나무 잎사귀는 일찍 시든다(枇杷晩翠 梧桐早凋)」

비파는 추운 철을 만나야 꽃이 피므로 「늦도록 푸르다(晩翠)」고 한 것이다. 비파나무는 잎이 마치 비파처럼 생기고 겨울철에도 녹색을 그대로 유지하므로 불변하는 은자의 지조에 비유한다.

오동나무는 가을 기운을 얻으면 잎이 맨 먼저 떨어지므로 「일찍 시든다(早凋)」고 한 것이다. 또 오동나무는 봉황이 앉는다는 깨끗하고 절개가 굳은 나무로 초가을에 제일 먼저 잎이 진다.

침엽수와 활엽수가 어우러진 이 모두는 은자의 정취를 돕는 경치들이다. 따라서 이 구절은 「옛것을 구하여 찾고 의논하며 잡된 생각은 흩어버리고 소요자적한다」는 의미가 담겨 있다.

비파나무는 겨울이 되어도 잎사귀가 마르지 않는 상록수이므로 변하지 않는 절개를 상징한다. 오동나무는 일찍 시들지만 오동나무 잎이 시드는 것을 보고 현자들은 세월의 추이를 잘 알게 되었다.

명(明)나라 때 왕상진(王象晉)이 편찬한 《군방보(群芳譜)》에, 「오동나무 잎사귀 하나가 떨어지는 것을 보고 천하에 가을이 온 것을 안다(梧桐一葉落天下盡知秋)」는 말이 있다.

❝96번 「천자문 나무」는 한자와 고사성어의 연계가 불가능하여 부득이 우리가 자주 접하는 고사성어 열매를 가상으로 열게 했다.❞

❶ 乾坤一擲 (건곤일척)

乾坤一擲 하늘 **乾** 땅 **坤** 한 一 던질 **擲**

승패와 흥망을 걸고 단판걸이로 승부나 성패를 겨룸.

「건곤(乾坤)」은 하늘과 땅이란 뜻이고, 「일척(一擲)」은 한 번 던진다는 뜻이다. 다시 말해서, 이기면 하늘과 땅이 다 내 것이 되고, 지면 하늘과 땅을 다 잃게 되는 도박을 한다는 뜻이다.

당나라 때 문장으로 첫손을 꼽는 한유(韓愈)의 칠언절구에 「과홍구(過鴻溝)」라는 제목으로 다음과 같은 시가 있다.

용은 지치고 범도 고달파 강과 들을 나누었다.
억만창생의 목숨이 살아남게 되었네.
누가 임금을 권해 말머리를 돌리게 하여
참으로 한번 던져 하늘 땅을 걸게 만들었던고!

龍疲虎困割川原　億萬蒼生性命存　용피호곤할천원　억만창생성명존
誰勸君王回馬首　眞成一擲賭乾坤　수권군왕회마수　진성일척도건곤

홍 구

한유가 홍구(鴻溝)라는 지방을 지나가다가 초·한(楚漢) 싸움 때의 옛 일이 생각나 지은 시다. 진시황(秦始皇)이 죽자 폭력에 의한 독재체제는 모래성 무너지듯 무너지고, 몸을 피해서 숨어 칼을 갈고 있던

무수한 영웅호걸들은 벌떼처럼 들고 일어났다.

마침내 천하는 항우와 유방 두 세력에 의해 양분되었는데, 그 경계선이 바로 이 홍구였다. 홍구는 지금 가로하(賈魯河)로 불리며 하남성 개봉(開封) 서쪽을 흐르고 있다. 항우와 유방은 이 홍구를 경계로 해서 동쪽을 항우의 초나라로

항 우

하고, 서쪽을 유방의 한나라로 하기로 결정을 보았던 것이다. 이리하여 일단 싸움은 중단이 되고 억만창생들도 숨을 돌리게 되었는가 했는데, 유방의 부하들은 서쪽으로 돌아가려는 유방의 말머리를 돌려, 항우와 천하를 놓고 최후의 승부를 결정짓는 도박을 하게 되었던 것이다.

진나라 말 실정(失政) 때, 진섭(陳涉) 등이 기원 전 209년 먼저 반기를 들고 이에 호응하여 각지에서 거병하는 자가 꼬리를 물고 일어났으나, 그 중 풍운을 타고 가장 두각을 나타낸 사람이 항우였다.

3년간의 전쟁 끝에 마침내 진을 멸망시키고 스스로 서초(西楚)의 패왕이 되어 아홉 군을 점령했으며, 팽성(彭城)에 도읍을 정하고 유방을 비롯한 공이 많았던 사람들을 각각 왕후로 봉하여 한때 천하를 호령하는 듯싶었다. 그러나 어쨌든 명목상의 군주인 초의 의제(義帝)를 이듬해 시해한 것과 논공행상이 고르게 이루어지지 않았던 까닭으로 다시 천하는 혼란 속에 빠지고 말았다.

즉, 전영(田榮), 진여(陳余), 팽월(彭越) 등이 계속 제(齊) · 조(趙) · 양(梁)에서 반란을 일으키고 더구나 항우가 이들을 토벌하고 있는 틈에

유 방

한왕 유방이 군사를 일으켜 관중 땅을 병합해 버렸던 것이다.

무릇 항우가 가장 두려워하고 있던 것은 유방이고, 유방이 적으로 여기고 있던 것은 항우였다. 최초로 관중을 평정한 자가 관중의 왕이 된다는 의제의 공약이 무시되고, 관중에 누구보다 먼저 들어갔음에도 불구하고 항우에 의해 파촉(巴蜀)의 왕으로 봉해진 점이 항우에 대한 유방의 최대 원한이었으나, 바야흐로 관중을 수중에 넣은 유방은 우선 항우에게 다른 마음이 없음을 인식시켜 놓고 나서, 착착 힘을 길러 후일 관외로 진출할 기회를 노리고 있었다.

이듬해 봄, 항우는 제(齊)나라와 싸우고 있었으나, 아직 제를 항복시키지 못하고 있었다. 때는 바야흐로 지금이라고 생각한 유방은 초의 의제를 위해 상(喪)을 치르고 역적 항우를 토벌할 것을 제후들에게 알림과 동시에 66만의 군사를 이끌고 초나라로 공격해 들어가 도읍인 팽성을 함락시켰다.

항우는 이 소식을 듣고 재빨리 회군하여 팽성 주변에서 유방의 한나라 군사를 여지없이 평정해 버렸다. 유방은 간신히 목숨만 건져 영양(滎陽)까지 도망쳤으나 적군 수중에 그 아버지와 부인을 남겨 놓는 등 비참한 결과를 가져왔고, 영양에서 다소의 기세를 회복했으나, 재차 포위당해 거기서도 겨우 탈출하는 꼴이 되고 말았다.

그 후 유방은 한신(韓信)이 제(齊)나라를 손에 넣음에 이르러 겨우 세력을 증가시키고, 또 관중에서 병력을 보급받아 여러 차례 초나라 군사를 격파시켰으며, 팽월도 양(梁)에서 초군을 괴롭혀, 항우는 각지로 전전하게 되었고, 게다가 팽월에게 식량 보급로까지 끊겨 군사는 줄고 식량은 떨어져 진퇴양난의 궁지에 몰리자, 마침내 항우는 유방과 화평을 맺기에 이르고 천하를 양분해서 홍구에서 서쪽을 한(漢)으로, 동쪽을 초(楚)로 하기로 하고 유방의 아버지와 부인을 돌려보내기로 했다.

때는 한(漢)나라 4년, 기원 전 203년이었다. 항우는 약속이 되었으므로 군사를 이끌고 귀국했으며, 유방도 철수키로 하였으나 마침 그것을 본 장량(張良)과 진평(陳平)이 유방에게 진언했다.

해하지전

「한나라는 천하의 태반을 차지하고 제후도 따르고 있으나, 초나라는 군사가 피로하고 식량도 부족합니다. 이것이야말로 하늘이 초를 멸망시키려는 것으로, 굶주리고 있을 때 쳐 없애버려야 합니다. 지금 공격하지 않으면 호랑이를 길러 후환을 남기는 결과가 됩니다」

그래서 유방은 결심을 하고 이듬해 한신과 팽월 등의 군과 함께 초나라 군사를 추격하여 드디어 항우를 해하(垓下)에서 포위하기에 이르렀다. 한유는 이 장량과 진평이 한왕을 도왔던 공업을 홍구 땅에서 회상하며 이 싸움이야말로 천하를 건 큰 도박이라고 보았던 것이다.

일척(一擲)이란 모든 것을 한 번에 내던진다는 것으로 일척천금(一擲

千金)이니 일척백만이니 하는 말들이 많이 쓰인다. 건곤(乾坤)은 천지(天地)로 「일척건곤을 건다」 다시 말해서 「건곤일척」은 천하를 얻느냐 잃느냐, 죽느냐 사느냐 하는 대 모험을 할 때 곧잘 쓰이는 말이다. 유방이 걸고 한 것은 사실 글자 그대로 하늘과 땅이었지만, 지금 우리들이 쓰고 있는 뜻은, 무엇이든 자기의 운명을 걸고 흥망 간에 최후의 모험 같은 것을 하는 것을 「건곤일척」이라 한다.

또 원문은 하늘과 땅을 걸고 한 번 던진다는 뜻이었는데, 하늘과 땅을 직접 내던지는 것 같은 강한 뜻을 풍기기도 한다.

❷ 管鮑之交 (관포지교) 管鮑之交 대롱 **管** 절인어물 **鮑** 의 **之** 사귈 **交**

친구 사이의 매우 다정하고 허물없는 교제.

「막역지우(莫逆之友)」란 말과도 같은데, 약간 다른 점이 있다. 「막역지우」를 참고로 비교해 보면 알 수 있다. 관포(管鮑)는 춘추시대 제나라의 관중(管中)과 포숙아(鮑叔牙) 두 사람의 성을 따서 한 말인데, 이 두 사람의 우정은 우리가 본받아야 할 위대한 점을 지니고 있다.

《사기》 관안열전에 있는 이야기다.

관중과 포숙아는 젊었을 때부터 친구였다. 처음에는 둘이서 장사를 했다. 포숙아는 자본을 대고, 관중은 경영을 담당했다. 포숙아는 모든 것을 관중에게 일임하고 일체 간섭하는 일이 없었다. 기말 결산에 이익배당을 할 때면 관중은 언제나 훨씬 많은 액수를 자기 몫으로 차지하곤 했다. 포숙아는 많다 적다 한 마디 말하는 법이 없었다.

그 당시의 관례로서는 자본주가 더 많이 차지하거나, 아니면 똑같이

분배하는 것이 보통이었다. 그런데 관중은 월급은 월급대로 받고, 용돈은 용돈대로 써 가며 이익 배당은 자기 앞으로 더 큰 몫을 돌려놓는 것이었다. 밑에 일 보는 사람들이 속으로 불평을 하는 것도 당연했다. 그들은 포숙아의 너무도 무관심한 태도가 안타까웠다. 그래서 간부 몇 사람이 포숙아를 찾아가 관중의 처사가 틀렸다는 것을 흥분해 가며 늘어놓았다. 그러나 포숙아는 아무렇지도 않게,

관중의 고향에 있는 관포사(管鮑祠)

「그 사람은 나보다 가족이 많다. 그리고 어머님이 살아 계신다. 그만한 돈이 꼭 필요해서 그러는 것이 아니겠는가. 내가 일일이 신경을 써 가며 보살피기보다는 그가 필요한 대로 알아서 쓰는 것이 얼마나 서로 편리한 일인가. 그 사람이 만일 돈에 욕심이 있어서 그런다면 내가 트집을 잡으려고 해도 잡을 수 없게끔 얼마든지 돈을 가로챌 수 있을 것이다」

포숙아의 관중에 대한 이해와 아량도 놀라운 일이지만, 포숙아의 그 같은 속마음을 환히 들여다보며 이렇다 할 말 한 마디 없이 제 돈 쓰듯 하는 관중의 태도도 보통 사람으로서는 할 수 없는 일이다. 그 뒤 관중은 독립해서 여러 가지 일을 시작해 보았으나 번번이 실패를 거듭할 뿐이었다. 사람들은 관중의 무능함을 비웃었다. 그러나 그때마다 포숙아는 관중을 이렇게 변명해 주었다.

관포분금도(管鮑分金圖, 清, 공소명)

「그것은 관중이 지혜가 모자라서 그런 것이 아니다. 아직 운이 없어서 그런 것이다」

그 뒤 관중은 포숙아와 함께 벼슬길로 들어가게 되었다. 그러나 관중은 그때마다 사고를 저지르고 그 자리에서 물러나지 않으면 안되었다. 사람들이 관중을 모자라는 사람으로 수군거리면 포숙아는 또 이렇게 변명을 해 주었다.

「관중이 무능해서 그런 사고를 저지르는 것이 아닐세. 아직도 때를 만나지 못한 때문이야」

그 뒤 관중은 포숙아와 함께 장수로서 전쟁터에 자주 나가곤 했다. 그런데 관중은 진격할 때면 언제나 뒤에 처지고, 패해 달아날 때면 누구보다 앞장서곤 했다. 사람들이 관중을 겁쟁이라고 손가락질을 하면 포숙아는 또 이렇게 그를 변명해 주었다.

「관중이 겁이 많아 그런 게 아닐세. 늙은 어머님이 계시기 때문이야」

그 뒤 제나라는, 양공(襄公)의 문란한 정치로 언제 무슨 일이 일어날지 알 수 없는 상태로 변해 갔다. 관중은 포숙아에게 「제나라에 변이 일어났을 때 뒤를 이어 임금이 될 만한 인물은 공자(公子) 규(糾)와 공자 소백(小白)뿐이다. 우리 각각 한 사람씩 맡아 외국으로 망명해 있으면서 기회를 기다리도록 하자」 하고 말했다.

이리하여 관중은 공자 규를 데리고 노나라로 피했고, 포숙아는 공자 소백을 데리고 거(莒)나라로 가 피해 있었다. 그 뒤 제나라에 내란이 일어나 임금이 계속 둘이나 비명에 죽고, 그 뒤를 이을 마땅한 공자를 물색하게 되었다. 이리하여 관중과 포숙아는 각각 자기가 모시고 있는 공자를 데리고 제나라를 향해 앞 다투어 길을 재촉했다.

관중은 포숙아가 앞에 갔다는 말을 듣자, 단신 말을 달려 밤을 새워 추격을 했다. 포숙아 일행이 막 점심을 먹고 있는데, 관중이 단신 나타나 활로 공자 소백을 쏘았다. 가슴을 맞은 소백은 피를 흘리며 수레에서 넘어졌다. 소백이 피를 쏟으며 넘어지는 것을 본 관중은 유유히 돌아와 공자 규와 함께 마음 놓고 제나라로 향해 떠났다.

그러나 소백은 죽지 않았다. 천명으로 관중의 화살이 그의 띠 갈구리에 와 맞는 순간, 관중의 다음 화살이 두려워 얼른 혀를 깨물어 피를 뿜어 보이며 죽은 듯이 넘어져 있었던 것이다.

먼저 들어가 임금이 된 소백은 곧 제나라 군대를 보내 관중 일행을 막았다. 관중은 싸움에 패해 노나라로 다시 도망을 쳤다가 거기서 포로가 되어 제나라로 끌려오게 되었다. 임금이 된 소백은 관중을 손수 목을 치려고 벼르고 있었다.

그러나 포숙아의 설득으로 관중의 죄를 용서하고 그를 스승으로 맞아들이는 한편 임금의 권한을 대행하는 재상으로 임명했다. 포숙아가 자기가 차지할 재상의 자리를 굳이 사양하고 관중에게 넘겨 준 것이다. 관중은 마침내 환공을 도와 천하의 패자가 되게 하고, 그의 품은 포부를 실천에 옮겨 위대한 정치가 · 경제가 · 외교가 · 군략가로서 역사에 이름을 남기게 되었다.

그 뒤 관중이 병으로 죽게 되었을 때 환공은 그의 후계자로 포숙아를

제환공과 관중

썼으면 하고 말했다. 그러나 관중은, 「포숙은 천성이 착한 사람을 좋아하고 악한 사람을 미워합니다. 착한 사람을 좋아하는 것은 좋은 일이지만, 악한 사람을 너무 미워하면 큰 일을 하는 데 많은 방해를 받게 됩니다」 하고 대신 습붕(濕朋)을 추천했다.

이 내막을 아는 행신(幸臣)들이 포숙아에게 잘 보일 생각으로 관중의 배은망덕한 처사를 일러바쳤다. 그러나 포숙아는 섭섭해 하기는커녕 오히려 당연한 것처럼, 「관중이 아니면 어찌 그런 말을 할 수 있겠느냐. 관중의 말대로 내가 재상이 되면 너희 같은 소인들부터 모조리 조정에서 몰아내고 말 것이다. 너희 같은 무리들이 그동안 부귀를 누린 것은 모두 관중의 너그러운 덕 때문인 줄 알아라」 하고 고자질하는 그들을 꾸짖었다.

그러기에 관중도 일찍이, 「나를 낳은 이는 부모지만, 나를 아는 이는 오직 포숙아다(生我者父母 知我者鮑子也)」라고 말했다고 한다.

이 관포의 우정을 어찌 한낱 우정으로만 말할 수 있겠는가. 개인의 영달보다도 국가와 천하를 더 소중히 아는 대인군자가 아니고서는 한갓 우정만으로 이 같은 사귐을 가질 수는 없는 것이다.

❸ 能書不擇筆

능서불택필

能书不择笔

능할 **能** 글 **書** 아니 **不** 고를 **擇** 붓 **筆**

글씨에 아주 능한 사람은 붓을 가리지 않는다.

우리 속담에 「서툰 무당이 장구 탓한다」는 말이 있다. 장구를 잘 치거나 춤을 잘 추는 사람은 장구를 가리지 않고 장단이 필요 없다는 것을 간접적으로 나타내는 말이다.

빌헬름 텔은 대가 굽은 화살로도 아들의 머리 위에 놓인 사과를 쏘아 맞혔다고 한다. 결국 명사수는 활을 가리지 않는다는 것을 말한 것이다.

구양순

당나라 초기 3대 명필인 구양순(歐陽詢)·우세남(虞世南)·저수량(褚遂良)은 해서(楷書)의 완성자로서 그 글씨는 오늘날도 후학들에게 최고의 규범이 되어 있다. 세 사람은 다 같이 천하 명필로 알려진 진나라 왕희지(王羲之)의 글씨를 배워, 구양순은 엄정(嚴整), 우세남은 온아(溫雅), 저수량은 완미(婉美). 이렇게 각각 그들 독자의 경지를 개척했고, 왕희지의 글씨를 지나칠 정도로 사랑한 당태종의 글씨를 가르치는 스승이 되었다.

세 사람 중 가장 나이어린 저수량은 당태종의 건국 공신인 위징(魏徵)의 추천에 의해 우세남의 후계자가 된 사람이었는데, 그가 한번은 선배인 우세남에게 글씨에 대해 물은 일이 있다.

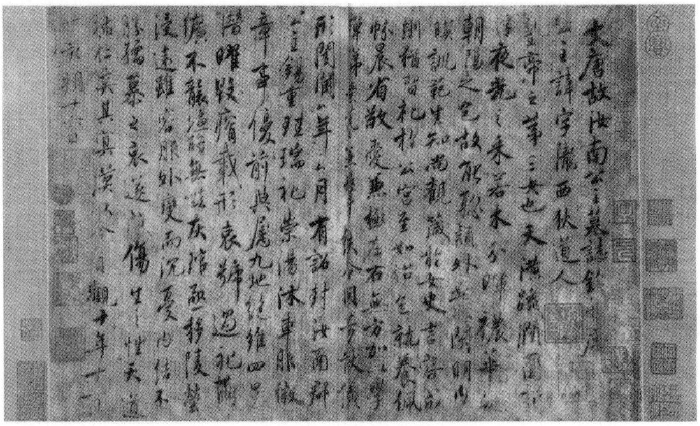

우세남의 글씨

「제 글씨는 지영(智英) 선생과 비교하면 어느 정도입니까?」

지영은 우세남이 글씨를 배운 적이 있는 중(僧)이다.

「지영 선생의 글씨는 글자 한 자에 5만 전을 주어도 좋다는 사람이 있었다고 한다. 너로서는 아직 지영 선생에 비교할 수가 없다」

「그럼 구양순 선생과 비교하면 어떻습니까?」

「내가 듣기에, 구양순은 종이와 붓을 가리지 않고, 어떤 종이에 어떤 붓을 가지고 쓰든 다 자기 뜻대로 되었다고 한다. 네가 어떻게 그럴 수 있겠느냐(吾聞 詢不擇之筆 皆得如志 君豈得此)」

「그럼, 어떻게 해야 합니까?」

「넌 아직 손과 붓이 굳어 있다. 그것만 없애면 크게 성공할 것이다」

요컨대 그림이나 글씨라도 진정한 달인은 종이나 붓 같은 재료나 도구에는 트집을 잡지 않는다. 그런 것에 구애되어서는 진짜라고 볼 수 없다. 구양순이 종이와 붓을 가리지 않았다는 불택지필(不擇紙筆)이란 말이 변해서 「능서불택필」이란 말이 생겨났다.

그런데 저수량은 너구리털로 심을 넣고 토끼털로 겉을 짠 붓끝에 상아나 코뿔소 뿔로 자루를 한 붓이 아니면 절대로 글씨를 쓰지 않았다. 저수량은 구양순과는 반대로, 글씨를 잘 쓰는 사람은 반드시 붓을 가린다(能書必擇筆)는 전통을 만든 것인지도 모른다.

저수량의 글씨

한편 주현종(周顯宗)의 《논서(論書)》에는,

「글씨를 잘 쓰는 자는 붓을 택하지 않는다는 설이 있으나 이것은 통설이라고 볼 수는 없다. 행서(行書)나 초서(草書)를 쓰는 자에 대해서는 이렇게도 말할 수 있을 것이다. 그러나 해서(楷書)·전서(篆書)·예서(隷書)를 쓸 때는 붓에 따라 잘 써지고 못 써지므로 붓을 택하지 않을 수 없다」라고 씌어 있다.

붓을 가리지 않는다는 말은 능력을 자랑한 말일 뿐, 글씨를 쓰는 사람이 붓을 택하지 않을 리가 없다. 무장이 말과 칼을 고르지 않을 수 없는 것처럼.

❹ 道不拾遺(도불습유) 道不拾遗 길 **道** 아니 **不** 주울 **拾** 잃을 **遺**

선정이 베풀어져 세상이 잘 다스려지고, 백성들의 도덕심이 높음.

「노불습유(路不拾遺)」라고도 한다. 나라가 태평하고 민심이 순박해서 남의 것을 탐내지 않는 사회가 된 것을 단적으로 표현한 말이다. 원래는 선정(善政)의 극치를 표현해서 한 말이었는데, 상앙(商鞅)의 경우와 같이 법이 너무 엄해서 겁을 먹고 길에 떨어진 것을 줍지 못하는

자 산

예도 있었다.

《사기》 공자세가(孔子世家)에 있는 이야기다.

공자가 노나라 정승으로 석 달 동안 정치를 하게 되자, 송아지나 돼지를 팔러 가는 사람이 아침에 물을 먹이는 일이 없고, 길에 떨어진 것을 줍는 사람이 없었다고 전한다. 돼지나 소에게 물을 먹여 팔러 가지 않는다는 것은 오늘의 우리 도축업자들이 곱씹어 봐야 할 말이다.

또 정나라 재상 자산(子産)은 공자가 형처럼 대했다는 훌륭한 정치가였는데, 그는 정승이 되자 급변하는 정세를 잘 파악하여 국내의 낡은 제도를 개혁하는 한편, 계급의 구별 없이 인재를 뽑아 쓰고, 귀족에게 주었던 지나친 특권을 시정하여 위아래가 다 같이 호응할 수 있는 적당한 선에서 모든 정책을 이끌어 나갔기 때문에 나라가 태평을 이루어 도적이 자취를 감추고 백성들이 길에 떨어진 것을 줍지 않게 되었다고 한다.

《한비자》 외저설좌상편(外儲說左上篇)에 보면 자산의 정치 성과에 대한 이야기가 나온다. 정나라 임금 간공(簡公)은 자기 스스로의 부족함을 자책하는 한편, 새로 재상에 임명된 자산에게 모든 정치를 바로잡는 책임을 지고 과감한 시책을 단행할 것을 당부했다.

그래서 자산은 물러나와 재상으로서 정치를 5년을 계속했는데, 나라에는 도적이 없고(國無盜賊), 길에는 떨어진 것을 줍지 않았으며(道不拾遺), 복숭아와 대추가 거리를 덮고 있어도 이를 따 가는 사람이 없었으며, 송곳이나 칼을 길에 떨어뜨렸을 때도 사흘 후에 가 보면 그 자리에 그대로 있었고, 3년을 흉년이 들어도 백성이 굶주리는 일이 없었다고 했다.

맹자는 말하기를, 「사람은 물과 불이 없으면 못 산다. 그런데 밤에 길 가던 사람이 물과 불을 청하면 안 줄 사람이 없는 것은 너무도 흔하기 때문이다. 만일 먹을 것이 물과 불처럼 흔하다면 어느 누가 착하지 않을 수 있겠는가」 라고 했다.

도적을 없애는 근본 문제도, 길에 떨어진 것을 줍지 않게 되는 까닭도 역시 그 바탕은 먹는 문제를 해결해 주는 데 있다. 같은 「도불습유」가 상앙의 준열 가혹한 법치정책과 공자의 온용덕화(溫容德化) 정책과 상반되는 두 개의 정치에서 나온 것이 재미있다. 이 이야기는 나라가 잘 다스려지고 있다는 대명사로 쓰이고 있다.

❺ 馬上得之 (마상득지) 马上得之 말 **馬** 위 **上** 얻을 **得** 어조사 **之**

말을 타고 싸우며 동분서주하여(전쟁을 하여) 천하를 얻었음을 이르는 말.

육고(陸賈)는 초나라 사람이다. 빈객으로서 고조를 따라 천하를 평정했다. 변설(辯舌)의 재주가 있는 선비로 널리 알려졌고, 고조의 측근에 있으면서 늘 제후들에게 사자로 나가곤 했다. 고조는 육고를 태중대부(太中大夫)에 임명했다.

한고조와 육고

육생(陸生 : 육고)은 어전에 나아가 강의할 때마다 《시경(詩經)》과 《서경(書經)》에 관한 것만 이야기했다. 이에 고조는 짜증을 내며 이렇게 말했다.

「나는 말 위에서 천하를 얻었던 것이오. 어찌하여 시서(詩書) 따위에 얽매이겠소」

그러자 육생이 말했다.

「말 위에서 천하를 얻었다 하여도 어찌 말 위에서 천하를 다스리실 수 있겠습니까(居馬上得之 寧可以馬上治乎)? 탕왕과 무왕은 역도(逆道)로 천하를 얻었지만, 지킬 때는 순도(順道)로 지켰습니다. 문무(文武)의 도를 겸용하는 것이야말로 천하를 길이 보존하는 길입니다. 옛날 오왕 부차(夫差)와 지백(智伯)은 무력을 지나치게 쓴 탓으로 마침내는 멸망했고, 진나라는 형법만을 계속 믿어 온 탓으로 조씨(趙氏 : 秦나라를 가리킨다)는 마침내 멸망하고 말았습니다. 만약 앞서 진나라가 천하를 통일한 다음 인의(仁義)를 행하여 옛 성인을 본받았던들 폐하께서 어떻게 천하를 차지할 수 있었겠습니까?」

고조는 못마땅했지만 부끄러운 표정을 지었다. 그러나 곧 육생에게 다시 말했다.

「시험 삼아 나를 위해 진나라가 천하를 잃고 내가 천하를 얻게 된

경위와 옛날 성공했거나 실패한 나라들에 대하여 글을 지어 올리시오」

그리하여 육생은 국가 존망의 징후를 약술하여 무려 12편의 글을 썼다. 한 편을 써 낼 때마다 육생은 고조에게 바쳤는데, 고조는 그 때마다 칭찬했다. 좌우의 근신은 축하의 뜻을 표하고 만세를 부르며 그 책의 이름을 《신어(新語)》라 했다.

한고조 유방

❻ 負荊請罪 (부형청죄) 負荊請罪 질 負 가시나무 荊 청할 請 죄 罪

「가시나무를 등에 지고 죄를 청한다」라는 뜻으로, 자신의 잘못을 인정하고 처벌해줄 것을 자청한다는 말이다.

《사기》 염파인상여열전에 있는 이야기다.

전국시대 조나라 혜문왕은 당시 천하의 제일가는 보물로 알려져 있던 화씨벽(和氏璧)을 우연히 손에 넣게 되었다. 그러자 이 소문을 전해 들은 진나라 소양왕(昭陽王)이 열다섯 개의 성(城)을 줄 테니 화씨벽과 맞바꾸자고 사신을 보내 청해 왔다.

진나라의 속셈은 뻔했다. 구슬을 먼저 받아 쥐고는 성은 주지 않을 작정이었다. 그러나 조나라로서는 그렇다고 이를 거절하면 거절한다고

인상여

진나라에서 트집을 잡을 것이 또한 분명했다.

이럴 수도 저럴 수도 없어 중신회의에서도 결론을 내리지 못하고 있을 때, 환자령(宦者令) 유현이 그의 식객으로 있는 인상여(藺相如)를 추천했다. 혜문왕은 인상여를 불러 대책을 물었다. 그러자 그는,

「조나라가 거절하면 책임은 조나라에 있고, 진나라가 속이면 책임은 진나라에 있습니다. 이를 승낙하여 책임을 진나라에 지우는 것이 옳을 줄 아옵니다」 하고 대답했다.

「그럼 어떤 사람을 사신으로 보내면 좋을는지?」

「마땅한 사람이 없으면 신이 구슬을 가지고 가겠습니다. 성이 조나라로 들어오면 구슬을 진나라에 두고, 성이 들어오지 않으면 신은 구슬을 온전히 하여 조나라로 돌아올 것을 책임지고 말씀드리겠습니다(……城不入 臣請完璧歸趙)」

이리하여 인상여는 화씨벽을 가지고 진나라로 가게 되었다.

소양왕은 구슬을 보고 크게 기뻐하며 좌우 시신들과 후궁의 미인들에게까지 돌려가며 구경을 시켰다. 인상여는 진왕이 성을 줄 생각이 없는 것을 눈치 채자 곧 앞으로 나아가, 「그 구슬에는 티가 있습니다. 신이 그것을 보여 드리겠습니다」 하고 속여, 구슬을 받아 드는 순간 뒤로 물러나 기둥을 의지하고 서서 왕에게 말했다.

「조나라에서는 진나라를 의심하고 구슬을 주지 않으려 했었습니다. 그런 것을 신이 굳이 진나라 같은 대국이 신의를 지키지 않을 리 없다고 말하여 구슬을 가져오게 된 것입니다. 구슬을 보내기에 앞서 우리 임금께선 닷새를 재계(齋戒)를 했는데, 그

전국시대의 옥벽

것은 대국을 존경하는 뜻에서였습니다. 그런데 대왕께선 신을 진나라 신하와 같이 대하며 모든 예절이 정중하지 못했을 뿐만 아니라, 구슬을 받아 미인에게까지 보내 구경을 시키며 신을 희롱하셨습니다. 신이 생각하기에, 대왕께선 조나라에 성을 주실 생각이 없으신 것 같습니다. 그러므로 신은 다시 구슬을 가져가겠습니다. 대왕께서 굳이 구슬을 강요하신다면 신의 머리는 이 구슬과 함께 기둥에 부딪치고 말 것입니다」

머리털이 거꾸로 하늘을 가리키며 인상여는 구슬을 들어 기둥을 향해 던질 기세를 취했다. 구슬이 깨어질까 겁이 난 소양왕은 급히 자신의 경솔했음을 사과하고 담당관을 불러 지도를 가리키며 여기서 여기까지 열다섯 성을 조나라에 넘겨주라고 지시했다.

그러나 모두가 연극이란 것을 알고 있는 인상여가 말했다.

「대왕께서도 우리 임금과 같이 닷새 동안을 목욕재계한 다음 의식을 갖추어 천하의 보물을 받도록 하십시오. 그렇지 않으면 신은 감히 구슬을 올리지 못하겠습니다」

이리하여 진왕이 닷새를 기다리는 동안 인상여는 구슬을 심복 부하

에게 주어 샛길로 조나라로 돌아가도록 했다. 감쪽같이 속은 진왕은 인상여를 죽이고도 싶었지만, 점점 나쁜 소문만 퍼질 것 같아 인상여를 후히 대접해 돌려보내고 말았다. 귀국하자 조왕은 인상여가 너무도 고맙고 훌륭하게 보여서 그를 상경(上卿)에 임명했다. 그렇게 되자 염파보다 지위가 위가 되었다. 염파는 화가 치밀었다.

「나는 조나라 장군으로서 성을 치고 들에서 싸운 큰 공이 있는 사람이다. 인상여는 한갓 입과 혀를 놀림으로써 나보다 윗자리에 오르다니 이는 용납할 수 없는 일이다. 상여를 만나면 반드시 모욕을 주고 말겠다」

이 소문을 들은 인상여는 될 수 있으면 염파를 만나지 않으려 했다. 조회 때가 되면 항상 병을 핑계하고 염파와 자리다툼하는 것을 피했다. 언젠가 인상여가 밖으로 나가다가 멀리 염파가 오는 것을 보자 옆 골목으로 피해 달아나기까지 했다.

이런 광경을 본 인상여의 부하들은 인상여의 태도가 비위에 거슬렸다. 그들은 상의 끝에 인상여를 보고 말했다.

「우리들이 이리로 온 것은 대감의 높으신 의기를 사모해서였습니다. 그런데 염장군이 무서워 피해 숨는다는 것은 못난 사람들도 수치로 아는 일입니다. 저희들은 이만 물러가겠습니다」

인상여는 그들을 달랬다.

「공들은 염장군과 진왕 중 누가 더 대단하다고 생각하는가?」

「그야 진왕과 어떻게 비교가 되겠습니까?」

「그 진왕의 위력 앞에서도 이 인상여는 그를 만조백관이 보는 앞에서 꾸짖었소. 아무리 내가 우둔하기로 염장군을 무서워할 리가 있소. 진나라가 우리 조나라를 함부로 넘보지 못하는 것은 염장군과 내가 있기 때문이오. 두 호랑이가 맞서 싸우면 하나는 반드시 죽고 마는 법이오. 내가 달아나 숨는 것은 나라 일을 소중히 알고, 사사로운 원한 같은 것은 뒤로 돌려버리기 때문이오」

부형청죄 부조(浮彫)

그 뒤 이 소식을 전해들은 염파는 자신의 못남을 뼈아프게 느꼈다. 웃옷을 벗어 매를 등에 지고 사람을 사이에 넣어 인상여의 집을 찾아가 무릎을 꿇고 사죄했다.

「못난 사람이 장군께서 그토록 관대하신 줄 미처 몰랐습니다」

이리하여 두 사람은 다시 친한 사이가 되어 죽음을 함께 해도 마음이 변하지 않는 그런 사이가 되었다(卒相與驩 爲刎頸之交).

인상여도 위대하지만, 자기의 잘못을 뉘우치고 순식간에 새로운 기분으로 돌아가 깨끗이 사과를 하는 염파의 과감하고 솔직한 태도야말로 길이 우리의 모범이 아닐 수 없다.

이 이야기가 서술되는 마지막 부분에서 「염파는 웃옷을 벗어 매를 등에 지고 인상여의 집을 찾아가서 사죄하였다. 이에 장군과 국상은 화해하고 문경지교를 맺게 되었다(廉頗肉袒負荊 至藺相如門謝罪 卒相與歡 爲刎頸之交)」라고 쓰고 있다.

「육단부형(肉袒負荊)」이라고도 한다. 그리고 생사를 같이할 수 있는 친구 사이를 가리켜「문경지교(刎頸之交)」라고도 한다.

❼ 有無相生 (유무상생) 有无相生 있을 **有** 없을 **無** 서로 **相** 날 **生**

「있고 없음은 서로 상대하기 때문에 생겨난 것」이란 뜻으로, 세상 만물의 이치를 상대적인 관점에서 볼 것을 이르는 말이다.

이와 비슷한 말에, 「유무상통(有無相通)」이라는 것이 있지만, 이 두 말은 서로 관계가 없을 뿐만 아니라, 또한 의미도 다르다. 「유무상통」은 《사기》에서 나온 말로서, 그 의미는 서로 있는 것과 없는 것을 교환하며, 유통해 주고받는 것을 말한다.

《노자》 제2장에 있는 말이다. 또한 「유생어무(有生於無 : 유는 무에서 생긴다)」라는 같은 의미의 말이 제40장에 보인다.

제2장에는,

노 자

「천하의 사람들은 모두 이것이 미(美)라고 인지(認知)하지만, 동시에 타면(他面)에 악이 있다는 것을 알아야 한다. 선과 불선과의 관계도 또한 그렇다. 이와 같이 하나의 존재는 그와 대립하는 다른 존재를 인정함으로써 존재한다. 유는 무가 있음으로 해서 존재하고, 난(難)은 이(易)에 의하여, 장(長)은 단(短)에 의하여 존재한다……(天下皆知 美之爲美 斯惡已 皆知善之爲善 斯不善已 故有無相生 難易相成 長短相較……)」라고 있다.

이 세상은 모두 관계로 인하여 존재한다. 존재는 모두 상대적이며, 모든 가치도 또한 상대적이라는 것을 말한 것이다. 이러한 사고방식은 노자의 인식론(認識論)의 기본을 이루고 있으며, 또한 우주 구성의 원리이기도 하다.

상식의 세계에 있어서 무라는 존재는 없다. 존재하는 것은 유이다. 그러나 노자 식으로 말한다면 무 없이 유는 존재할 수 없다. 무와 유의 이 관계를 방과 창은, 공간 즉 무가 있음으로 해서 방이라든가 창으로서 존재한다는 비유로 나타낸다.

청우노자도(靑牛老子圖, 宋 미상)

또한 「천지 사이는 그것이 마치 탁약(橐籥 : 풀무) 같은 것일까. 속이 비어 있기 때문에 굽히지 않고, 움직이면 얼마든지 바람을 낸다」라는 비유로 나타낸다. 풀무는 무(無)가 있음으로 해서 비로소 풀무로서 존재한다.

이 비유에는 또 하나의 다른 의미를 느낄 수 있다. 풀무는 존재하지만, 활동함에 따라 시시각각으로 모양을 바꾼다. 형태로서 존재하는 것은, 따라서 변화하는 것이다. 생성소멸의 상태를 통하여 계속하는 것이다.

존재가 활동한다는 것은 그러한 것이며, 그 활동을 가능케 하는 것이 무인 것이다. 무는 무한한 힘을 가지고 유를 낳는다. 풀무는 어디까지나

노자기우도(老子騎牛圖, 明 장로)

비유이기 때문에, 무와 유는 관계를 완전히 설명할 수는 없다 할지라도 대단히 적절한 비유인 것이다.

제40장에서는 이렇게 말하고 있다.

도(眞理)에서 본다면, 움직인다는 운동은 되돌아간다는 운동이다. 어디론가로 움직이고 있다는 것은 되돌아가고 있다는 것이다. 사물이 어떠한 형태로 되어 가고 있다는 것은, 아무것도 아닌 것으로 되어가고 있다는 것이다. 또한 강한 상태—무엇인가를 이루고자 하는 상태—는 운동이 멎은 약한 상태, 의지가 없어진 정(靜)의 상태로 돌아가고 있는 것으로, 그것이 도(道)의 작용인 것이다. 유는 무에서 생겨 무로 돌아간다. 존재한다는 것은 없어지는 것이다.

이상이 이 장의 의미이다. 「그 근원으로 복귀한다」 라든가, 「무극(無極)에 복귀한다」 라든가 하고 노자가 말하는 것도 이런 의미이다.

《노자》 모두(冒頭)의 유명한 말로서, 「무명천지시 유명만물지모(無名天地始 有名萬物之母)」 라고 말하는 것도 유무의 관계를 풀이해 주는 것으로 보아도 좋다. 무가 유인 천지를 낳고, 더욱 발전하여 만물을 낳는다. 무가 있은 다음에 유가 있다는 것은 시간적으로 무가 먼저 존재한다는 것은 아니다. 유와 더불어 무가, 무와 더불어 유가 존재한다고 보아야 될 것이다.

따라서 유명의 것도, 무명의 것도 실은 하나라고 말해도 좋다. 절대의 세계에 서면, 유도 무도 하나인 것이다. 이 하나를 체득하는 것을 노자는 「포일(抱一)」이라든가, 「포박(抱朴)」이라든가 하는 말로 나타냈다.

하나를 품은 인간은 조화를 이룬 통일을 얻을 수가 있다. 하나(一)라고 하는 것은 또한 노자가 말하는 현묘한 도이며, 자연이며, 실재(實在)이다.

있다는 것은 없다는 것을 전제로 했을 때에만 드러나는 것이다. 이 말은 모든 세상 사물과 자연의 이치가 상대적인 비교에서만 파악할 수 있다는 것으로 불교의 「색즉시공 공즉시색(色卽是空空卽是色)」이라는 말과도 통한다.

❽ 三寸之舌(삼촌지설) 叁寸之舌 석 三 마디 寸 의 之 혀 舌

세 치 짧은 혀지만 그 위력은 실로 대단하다.

「세 치의 혀가 백만 명의 군대보다 더 강하다」는 말을 「삼촌지설(三寸之舌)이 강어백만지사(疆於百萬之師)」라고 한다. 백만 군대의 위력으로도 되지 않을 일을 말로써 상대를 설복시켜 뜻을 이룬다는 뜻이다. 《사기》 평원군열전에 있는 이야기다.

전국 말기, 조나라가 진나라의 침략을 받아 거의 멸망의 위기를 만나게 되었다. 이때 조나라의 공자요 재상인 평원군(平原君)이 초나라로 구원병을 청하러 가게 된다.

평원군은 맹상군(孟嘗君)과 함께 식객(食客)을 3천 명이나 거느리고 있는 당대의 어진 공자로, 이른 바 사군(四君) 중의 한 사람이었다.

평원군 조승 묘

그는 초나라로 떠나기에 앞서 함께 갈 사람 20명을 식객 중에서 고르기로 했다. 조건은 문무를 겸한 사람이었는데, 말하자면 언변과 지식과 담략(膽略)이 있는 그런 인물을 고르려 한 것이리라. 그런데 19명까지는 그럭저럭 뽑았으나 나머지 한 사람을 선발하기가 힘들었다. 이때 모수(毛遂)라는 사람이 자진해 나와 평원군에게 청했다.

「나를 그 20명 속에 넣어 주시지 않겠습니까?」

평원군은 그의 얼굴조차 처음 보는 것 같았다.

「선생께선 내 집에 와 계신 지 몇 해나 되셨습니까?」

「3년쯤 되었습니다」

「대체로 훌륭한 선비가 세상을 살아가는 것은 송곳이 주머니 속에 들어 있는 것과 같아서 반드시 그 끝이 밖으로 나타나기 마련입니다. 그런데 선생은 3년이나 내 집에 있는 동안 이렇다 할 소문 하나 들려준 일이 없으니, 특별히 남다른 재주를 갖고 있지 않다는 증거가 아니겠습니까. 선생은 좀 무리일 것 같습니다」

그러자 모수가 말했다.

「그러니까 저를 오늘 주머니에 넣어 주십사 하는 겁니다. 저를 일찍 주머니 속에 넣어 주셨으면 끝은 고사하고 자루까지 밖으로 내밀어 보였을 것입니다」

여기서 「모수자천(毛遂自薦)」이란 말이 생겼는데, 재주를 품고 있으면서도 남이 추천해 주는 사람이 없어 기다리다 못해 스스로 자청해 나서는 경우를 말한다. 그러나 지금은 다소 염치없이 자기를 내세우는 사람을 비웃어 쓰는 경우가 많다.

아무튼 이리하여 모수를 스무명 속에 넣어 함께 초나라로 가게 되었다. 그러나 평원군의 끈덕진 설득에도 불구하고 초나라 왕은 속으로 진나라가 겁이 나 구원병 파견에 대해 얼른 결정을 짓지 못하고 있었다. 아침 일찍부터 시작한 회담이 낮이 기울도록 늘 제자리걸음만 하고 있었다. 이때 단하에 있던 모수가 단상으로 올라가 평원군에게 그 까닭을 물었다. 그러자 초왕은 평원군에게,

모 수

「이 자는 누구요?」하고 물었다. 평원군이,

「제가 데리고 온 사람입니다」하고 대답하자, 왕은 소리를 높여,

「과인이 그대 주인과 이야기를 하고 있는데, 무슨 참견인가. 어서 물러가지 못하겠는가!」하고 꾸짖었다.

이때 모수는 차고 있던 칼자루에 손을 올려놓은 채 앞으로 나아가 말했다.

「대왕께서 신을 꾸짖는 것은 초나라 군사가 많은 것을 믿기 때문입

모수자천 모첨비(冒尖碑)

니다. 그러나 지금 대왕과 신과의 거리는 열 걸음밖에 되지 않습니다. ……지금 초나라는 땅이 넓고 군사가 강한데도 두 번 세 번 진나라에 패해 어쩔 줄을 모르고 있는 실정입니다. ……이런 것을 볼 때 조나라와 초나라가 동맹을 맺는 것은 조나라를 위함이 아니라 초나라를 위한 것입니다」

이렇게 해서 결국 초왕은 모수의 위엄과 설득에 굴복하여 조나라에 구원병을 보낸다는 맹세까지 하게 되었다. 이 맹세를 위한 의식 절차로 짐승의 피를 서로 마시게 되는데, 모수는 초왕에게 먼저 피를 빨게 하고, 다음에 평원군, 그리고 자기가 피를 빨았다. 그리고는 단하에 있는 19명을 손짓해 부르며,

「……제군들은 이른바 남으로 인해 일을 이룩하는 사람들이니까……」 하고 그들에게 함께 피를 빨도록 시켰다.

그야말로 객(客)이 주인 노릇을 하고 하인이 상전 노릇을 하는 격이었다. 이때 모수가 말한 「남으로 인해 일을 이룬다」는 「인인성사(因人成事)」란 말이 또한 문자로서 쓰이게 된다.

이렇게 용케 성공을 거두고 조나라로 돌아온 평원군이 말했다.

「나는 앞으로 사람을 평하지 않으리라. 지금까지 수백 명의 선비를 보아 온 나는 아직껏 사람을 잘못 보았다는 생각을 해본 적이 없었다.

그런데 이번은 모선생을 몰라보았다. ……모선생은 세 치 혀로써 백만의 군사보다 더 강한 일을 했다(毛先生 以三寸之舌 彊於百萬之師……)」

평원군 일행이 떠난 즉시 초왕은 20만 대군을 보내 초나라를 구원하고, 진나라는 초나라의 구원병이 온다는 말을 듣자, 미리 군사를 거두어 돌아가 버렸다. 과연 사람을 알기란 어렵다. 그러나 그 사람이 때를 얻기란 더욱 어렵다.

97. 陳根委翳 落葉飄颻 陈根委翳 落叶飘飖

(진근위예 낙엽표요)

❶ 陳(진) 勝(승) 吳(오) 廣(광)

❷ 盤(반) 根(근) 錯(착) 節(절)

❸ 陳(진) 根(근) 委(위) 翳(예)

❹ 亢(항) 龍(룡) 有(유) 悔(회)

❺ 水(수) 落(락) 石(석) 出(출)

❻ 一(일) 葉(엽) 障(장) 目(목)

❼ 飄(표) 風(풍) 不(부) 終(종) 朝(조)

❽ 落(낙) 葉(엽) 飄(표) 颻(요)

풀이

❶ 陳勝吳廣(진승오광) 陈胜吴广 늘어놓을 **陳** 이길 **勝** 나라이름 **吳** 넓을 **廣**

진(秦)나라 말기에 맨 처음 반란을 일으킨 진승(陳勝)과 오광(吳廣)을 가리키는 말로, 어떤 일에 선수를 치는 일 또는 그러한 사람을 비유하는 성어이다. 진승과 오광은 가난한 농민 출신으로, 진나라 말기에 만리장성을 수비하는 일에 동원되었다.

진(秦)나라의 2세 황제가 즉위하던 그 해에 일어난 일이다. 진승과 오광은 시황제 이래 계속되는 폭정에 저항하여 농민군을 이끌고 대택향(大澤鄕, 지금의 안휘성 기현)에서 봉기하였다.

진승과 오광은 단숨에 기현을 함락하고 진(陳, 지금의 하남성 회양)에 입성하였다. 이후 귀족들과 반진(反秦) 세력과 연합하여 진나라의 도읍 함양(咸陽)으로 진격하였다.

진승 조상(彫像)

진승의 일행 900여 명은 목적지인 어양(漁陽)으로 가는 길에 폭우를 만나 정해진 도착 날짜에 댈 수 없게 되었다. 당시 진나라는 정해진 날짜에 도착하지 못하는 자들은 참형에 처하도록 법률로 정해 놓고 있었다.

어차피 죽을 목숨이라고 생각한 진승은. 「왕후와 장상의 씨가 어찌

진승오광의 봉기 부조(浮彫)

따로 있다는 말인가(王侯將相寧有種乎)」라며 오광과 함께 반란을 일으켰다.

이들은 중국 최초의 농민반란군으로 기록된다. 진승과 오광의 거사는 군웅(群雄)의 봉기를 촉발시키는 역할을 하여, 항우(項羽)와 유방(劉邦) 등도 군사를 일으켜 진나라에 반기를 들었다.

선즉제인(先則制人, 선수를 치면 상대편을 제압할 수 있다는 뜻)과 비슷한 의미이다.

❷ 盤根錯節(반근착절) 盘根错节 밑받침 **盤** 뿌리 **根** 섞일 **錯** 마디 **節**

세력이 단단히 뿌리박혀 흔들리지 아니함.

「반근착절」은 뿌리가 많이 내리고 마디가 이리저리 서로 얽혀 있다는 뜻이다. 세력이 뿌리깊이 박혀 있고 당파가 잘 단결이 되어 있어 이를 제거하기가 어려울 때 쓰는 말이다.

이것은 《후한서》 우후전(虞詡傳)에 나오는 우후의 말이다.

후한의 황실에는 특히 눈을 끄는 대목이 있다. 열네 명의 황제 중 열두 명까지가 20세도 채 되지 않아 즉위했다. 이 사실은 어머니인 태후

(太后)가 정치를 하여 측근의 폐해가 강해지는 것을 뜻한다.

이것도 그 무렵의 이야기다. 출생 후 백여 일만에 즉위한 상제(殤帝)가 재위 8개월 만에 죽자, 열세 살인 안제(安帝)가 위에 올랐다. 물론 어머니인 태후가 정사를 맡고 태후의 오빠 등즐(鄧騭)이 대장군이 되었다.

우 후

그 무렵 서북 변경에서는 이민족의 세력이 강성하여 병주(幷州)와 양주(凉州)는 때때로 침략당하고 있었다. 등즐은 국비 부족을 염려해서 양주를 포기하고 병주에 주력을 쏟으려고 했다. 이 때 이를 반대한 자가 있었다. 낭중(郎中)직에 있는 우후(虞詡)라는 사람이었다.

「함곡관의 서쪽에서는 장군이 나오고, 동쪽에서는 재상이 나온다고 합니다. 예부터 열사무인(烈士武人)으로서 관서의 양주 출신이 많지 않습니까. 이러한 땅을 강(羌 : 오랑캐)에게 맡긴다는 것은 결코 안될 말입니다」

좌중은 모두 우후의 의견에 찬성했다. 등즐은 이 사건으로 우후를 심히 미워했다. 때마침 그 해 조가현(朝歌縣)에 수천의 도적떼가 일어나 고을의 장관과 수비병을 살해했다.

그러자 등즐은 우후를 조가 현 장관에 임명했다. 자기 의견에 반대했다는 앙심 때문이었다. 친구들은 그의 불행을 위로하러 모였다. 그러나 우후는 웃으며 이렇게 말했다.

함곡관

「생각은 쉬운 것을 찾지 않고, 일은 어려운 것을 피하지 않는 것이 신하된 사람의 직분이다. 구부러진 뿌리가 엉클어진 마디(節)에 부딪치지 않으면 날카로운 칼날의 진가도 알 도리가 없지 않은가」

우후는 자진하여 고난 속에 뛰어들어 거기서 자기의 힘을 시험해 보려고 한 것이다. 여기서, 「반근착절을 만나 이기(利器)를 안다」라는 말이 즐겨 쓰이게 되었다. 평화로울 때는 사람의 능력을 알 수 없다. 곤란한 경우를 당해야 비로소 알 수 있다는 것이었다. 「반근착절(盤根錯節)」이란 말로 곤란을 상징하는 경우도 있다.

우후는 사실 반근착절에 견디어냈다. 그는 조가현에 도착하자 곧 행동을 개시했다. 전과자들을 불러 모아 적 속에 잠입시켰으며 그 힘으로 적을 꼬여내서 죽이거나 여러 가지 기책(奇策)을 써서 마침내 적을 사방으로 흩어지게 만들었다고 전해진다. 후에 이민족들과 싸웠을 때도 종횡으로 그 기지(奇智)를 떨쳤다.

그는 그 후에도 여러 차례 공을 세워 높은 벼슬에 오르기는 했으나, 타고난 강직함은 절대로 굽히지 않았다. 그 때문에 궁정의 측근이나 환관들에게 미움을 받아 여러 번 형(刑)을 받았으나, 끝까지 굽히지 않고 권위에 맞서다가 죽었다. 최후까지 「반근착절」에 도전을 계속했던 것이다. 반근(盤根)은 반근(槃根)으로도 쓴다.

❸ 陳根委翳 (진근위예) 陈根委翳 묵을 **陳** 뿌리 **根** 맡길 **委** 가릴 **翳**

《천자문》에 있는 말이다.

「묵은 뿌리는 말라 시들고, 낙엽은 바람에 흩날린다(陳根委翳 落葉飄颻)」

온갖 풀이 겨울이 되면 마르고 떨어져 묵은 뿌리가 땅에 쌓이고 덮인다(萬木經霜而搖落 蕭疎之葉 飄舞於空也)

온갖 나무가 서리를 맞으면 잎이 떨어져 앙상한 잎이 공중에 나부끼고 춤춘다.

진근은 곧 숙초를 말하며 썩은 뿌리를 가리킨 것이다. 세월을 두고 한없이 자란 썩은 뿌리들은 끝내 버려 넘어질 수밖에 없는 한편 은둔한 곳의 삭막한 풍경을 나타낸 것이다.

늦가을 원림(園林)의 적요(寂廖)한 풍경이다. 여름에 무성했던 수목도 늦가을 서리를 맞으면 잎이 떨어져 앙상하게 된다. 묵은 나무뿌리와 마른 나무들은 쓰러진 채 버려져 있고 나무마다 떨어지는 잎들은 바람에 날리니 만추(晩秋)의 풍경이 눈에 선하다.

❹ 亢龍有悔 (항룡유회) 亢龙有悔 높아질 **亢** 용 **龍** 있을 **有** 뉘우칠 **悔**

{이 항(翳)은 글자 특성상 고사성어 열매가 열리 않아서 이 고사로 대체했다}

「항룡유회(亢龍有悔)」는, 적당한 선에서 만족할 줄 모르고 무작정

밀고 나가다가 도리어 실패를 가져오게 되는 것을 비유해서 하는 말이다. 「항룡」은 하늘 끝까지 올라간 용이란 뜻이다.

너무 자꾸만 올라가다가 하늘 끝에 가 닿아서 후회를 하게 된다는 것이 「항룡유회」다.

《주역》 건괘 맨 위에 있는 육효(六爻)의 효사(爻辭)에 있는 말이다. 주역의 64괘는 각각 여섯 개의 효(爻)로 되어 있는데, 괘 전체에 대한 괘사(卦辭)가 있고, 각 효마다 「효사」가 있다. 맨 아래 있는 효는 지위가 가장 낮다든가, 일을 처음 시작한다든가 하는 뜻이고, 맨 위에 있는 효는 극도에까지 미친 것을 말한다.

그러므로 건괘 첫 효에는 효사가 「잠룡물용(潛龍勿用)」이라고 나와 있다. 땅 속 깊숙이 들어 있는 용이니 꼼짝하지 말고 가만히 있으라는 뜻이다.

「항룡유회」는 「잠룡물용」과는 달리 도에 지나친 감이 있으니, 더 이상 전진하지 말고 겸손 자중하라는 뜻이다.

예를 들어 국장쯤으로 만족하지 못하고 굳이 차관이나 장관이 되려고 하면, 설사 된다 해도 해임되는 그 날로 영영 벼슬길이 막히고 마는 그런 것이다.

❺ 水落石出 (수락석출) 水落石出 물 **水** 떨어질 **落** 돌 **石** 날 **出**

일의 진상이 드러나다.

「물이 빠지고 나니 돌이 드러난다」라는 뜻으로, 어떤 일의 흑막(黑幕)이 걷히고 진상이 드러남을 비유하는 말이다.

소식(蘇軾)의 자는 자담이고 호는 동파거사(東坡居士)며, 송나라 사천 미산 사람으로 명문 학자 소순의 큰아들이며 인종(仁宗) 가우 때 중진사를 지냈다.

신종(神宗)이 왕으로 있을 때 왕안석이 변법정책을 쓴 일이 있었다. 이 때 소식이 새로운 법을 반대하고 나서 왕안석과 어지간히 논쟁을 펼쳤다. 당시 왕안석(王安石)이 신종의 총애를 받고 있는 터라 소식이 그 세력에 눌려 호북 황주로 좌천당해 단련부사의 직책을 가졌다. 그가 동파 지방에서 조그만 집을 짓고 살았기 때문에 소동파라 불렀고 스스로 동파거사로 자처하였다.

소동파는 산수의 경치를 좋아해서 항상 자연 속에 한가로이 시간을 보냈다. 적벽(赤壁)은 삼국시대에 동오와 촉한 연합군이 조조를 함락시켰던 곳이다. 그러나 적벽은 호북에 세 군데나 된다. 한 곳은 한수 옆 경릉의 동쪽이고, 한 곳은 제안 아래에 있는 황주이며, 또 한 곳은 강하 서남방 백 리 떨어진 곳으로 오늘의 한양 현을 말한다. 이 강하 서남방 백 리에 있는 적벽은 조조가 패전을 한 곳이고, 동파가 즐겨 놀던 적벽은 황주 한천문 밖에 있는 곳으로, 조조가 유비와 주유의 연합군에 패한 곳이 아니다.

동파제죽도(東坡題竹圖)

동파가 전·후 두 편의 적벽부를 지었는데 그것은 이름만 빌린 것인즉 이름은 같되 다른 곳이었다. 그러나 그의 넘친 재능과 유창한 문필

적벽도

로 다재다능하게 이곳의 경치를 묘사하여 후세의 사람들에게 이곳에 가보고 싶은 마냥 그리운 심정을 불러일으키게 했다.

늦가을이 되어 다시 찾은 적벽의 경관은 이전과는 또 달랐다. 그리하여 소동파는 이렇게 묘사하였다.

「흐르는 강물 소리, 깎아지른 천 길 절벽. 우뚝 솟은 산과 작은 달, 물이 빠져 드러난 바위. 해와 달이 몇 번이나 바뀌었다고 이리도 강산을 알아볼 수 없단 말인가(江流有聲 斷岸千尺 山高月小 水落石出 曾日月之幾何 而江山不可復識矣)」

「수락석출」은 소동파가 적벽부 속의 늦가을 풍경을 가리킨 말이었으나 후세 사람들이 진상이 드러나 의혹을 푼다는 뜻으로 어떤 사연을 똑똑히 안 다음 그 진상을 밝히는 것을 「수락석출」이라고 한다.

❻ 一葉障目 (일엽장목)

一叶障目 한 一 이파리 **葉** 가릴 **障** 눈 **目**

「나뭇잎 하나가 눈을 가린다」라는 뜻으로, 자질구레하고 단편적인 현상에 가려 사물의 전모나 근본적인 문제를 깨닫지 못하는 경우를 비유하는 말이다.

이 말은 처음에 일엽폐목(一葉蔽目)이라고 했는데, 《갈관자》 천칙

편에 있는 말이다.

《갈관자(鶡冠子)》는, 저자 갈관자의 이름과 전기(傳記)는 분명하지 않지만, 노자(老子)에 가까운 사상을 품고 깊은 산골에 살면서 갈(鶡)의 깃털로 만든 관을 쓰고 있었기 때문에 이런 이름으로 불렸다고 한다.

「귀는 듣기 위한 것이고, 눈은 보기 위한 것이지만, 나무 잎사귀 하나가 눈을 가려 태산을 보지 못하고, 콩 두 알이 귀를 막아 우렛소리를 듣지 못하는구나(夫耳之主聽 目之主明 一葉蔽目 不見泰山 兩豆塞耳 不聞雷霆)」

무엇에 현혹되었을 때 일엽폐목 또는 양두색이(兩豆塞耳)라고 하는데, 간단하게 일엽양두(一葉兩豆)라고도 한다. 일엽폐목은 양엽엄목(兩葉俺目) 또는 양엽폐목(兩葉閉目)이라고도 할 수 있다. 오늘날 흔히 쓰이는 것은 「일엽폐목」 또는 「일엽장목」 등이다. 이 밖에 이 말에는 또 다음과 같은 재미있는 이야기도 있다.

위나라 사람 한단순의 《소림(笑林)》이란 책에 보면 이런 이야기가 나온다.

전에 어떤 썩은 선비 한 사람이 옛 책에서 선예엽(蟬翳葉)에 관한 전설을 보고 크게 흥미를 느꼈다. 즉 매미가 숨어 있는 나무 잎사귀(蟬翳葉)로 얼굴을 가리면 남들이 자기를 보지 못한다는 전설에 마음이 동했던 것이다.

선비는 어느 날 매미가 숨어 있는 곳의 나무 잎사귀들을 한 아름 따가지고 와서는 그것으로 얼굴을 가린 다음 아내에게 「내가 보이오?」하고 물었다.

아내는 처음에는 보인다고 대답했지만, 남편이 거듭 나무 잎사귀로 얼굴을 가리고 「내가 보이오?」하고 묻기에 그만 귀찮아져서 나중에는 안 보인다고 대답하였다.

그러자 선비는 매미가 숨어 있는 곳의 나무 잎사귀로 얼굴을 가리면 남들이 보지 못한다는 말을 그대로 믿고 그 길로 시장에 나가 나무 잎사귀로 얼굴을 가리고 남의 물건을 훔치다가 바로 붙잡히고 말았다.

그런데 더욱 우스운 것은 관청에 잡혀가 문초를 받을 때까지도 선비는 「나무 잎사귀 하나가 눈을 가려 나는 아무에게도 보이지 않소이다」 하고 말했다는 것이다.

❼ 飄風不終朝
표풍부종조 飘风不终朝

회오리바람 **飄** 바람 **風** 아닐 **不** 마칠 **終** 아침 **朝**

「회오리바람이 아침 내내 부는 것도 아니고, 소나기가 종일토록 내리는 것도 아니다(飄風不終朝 驟雨不終日)」

노자(老子)의 도덕경 23장에 나오는 구절이다.

노 자

「말을 적게 하고 자연에 따른다. 회오리바람도 아침나절을 넘기지 못하고, 폭우도 한나절을 가지 않으니 누가 이렇게 한 것인가. 하늘과 땅도 오래가지 못하는데 하물며 사람이겠는가. 그러므로 일을 할 때 도를 따르는 사람은 도와 함께할 것이다. 얻음의 길을 따르는 사람은 얻음과 함께할 것이고, 잃음의 길을 따르는 사람은 잃음과 함께할 것이다. 얻음과 함께하는 사람은 도도 얻을 것이고, 잃음과 함께하는 사람은 도도 잃을 것이다(希言自然 飄風不終朝 暴雨不終日 孰爲此 天地而不能久 又況於人乎 故從事而道者同於道 德者同於德 失者同於失 同於德者 道亦德之 同於失者 道亦失之)」

❽ 落葉飄颻(낙엽표요) 落叶飘飖 떨어질 **落** 잎 **葉** 나부낄 **飄** 나부낄 **颻**

《천자문》에 있는 말이다.

「묵은 뿌리가 땅에 쌓이고 덮이며 떨어지는 잎이 이리저리 나부낀다(陳根委翳 落葉飄颻)」

늦가을 원림(園林)의 적요(赤寥)한 풍경이다. 여름에 무성했던 수목도 늦가을 서리를 맞으면 잎이 떨어져 앙상하게 된다. 묵은 나무뿌리와 마른 나무들은 쓰러진 채 버려져 있고 나무마다 떨어지는 잎들은 바람에 날리니 만추(晩秋)의 풍경이 눈에 선하다.

온갖 풀이 겨울이 되면 마르고 떨어져 묵은 뿌리가 땅에 쌓이고 덮인다. 온갖 나무가 서리를 맞으면 잎이 떨어져 앙상한 잎이 공중에 나부끼고 춤춘다.

세월을 두고 한없이 자란 썩은 뿌리들은 끝내 버려 넘어질 수밖에 없는, 한편 은둔한 곳의 삭막한 풍경을 나타낸 것이다.

98. 遊鵾獨運 凌摩降宵(유곤독운 능마강소) 游鵾独运 凌摩绛宵

❶			魚(어)	遊(유)	釜(부)	中(중)	
❷			遊(유)	鵾(곤)	獨(독)	運(운)	
❸				獨(독)	不(불)	將(장)	軍(군)
❹				運(운)	轉(전)	亡(망)	已(이)
❺				凌(능)	雲(운)	之(지)	志(지)
❻	轂(곡)	擊(격)	肩(견)	摩(마)			
❼		凌(능)	摩(마)	絳(강)	霄(소)		
❽				霄(소)	壤(양)	之(지)	判(판)

풀이

❶ 魚遊釜中 (어유부중)

魚游釜中　물고기 **魚** 놀 **遊** 솥 **釜** 가운데 **中**

물고기가 솥 안에서 논다는 뜻으로, 지금은 살아 있기는 하여도 생명이 얼마 남지 아니하였음을 이르는 말. 「부중지어(釜中之魚)」라고도 한다.

《자치통감(資治通鑑)》 한기(漢紀)에 있는 말이다.

후한(後漢)의 외척 가운데 양기(梁冀)는 두 여동생을 순제(順帝)와 환제(桓帝)의 비로 바쳤다. 처음에 황문시랑이 되고, 순제 때는 대장군에 임명되었다. 한안(漢安) 3년(144) 충제(冲帝)가 죽자 질제(質帝)를 세웠다. 여동생인 양태후(梁太后)와 함께 황제를 마음대로 없애고 세웠는데, 특히 8살의 질제가 그를 발호장군(跋扈將軍)이라 부르자 독살하고, 환제를 세웠다.

양 기

여동생이 순제(順帝)의 황후가 되자 그의 횡포는 극에 달하였다. 양기는 또 동생 불의(不疑)가 하남태수에 임명되자, 각 고을에 여덟 명의 사자를 파견하여 순찰하도록 했다. 그 중에는 장강(張綱)이라는 사람이 있었는데, 그는 개와 이리 같은 형제가 저리 설쳐대는데 지방 관리를 조사하는 것이 무슨 소용이냐며 낙양(烙陽) 숙소에다 수레바퀴를 파묻어버렸다.

또한 각지에 양기 형제를 탄핵하는 15개 조항의 상소문을 올렸다.

이 상소문으로 양기의 미움을 산 장강은 광릉군 태수로 좌천되었다. 광릉군은 10년 동안 양주(揚州)와 서주(徐州)를 무대로 도적질을 해온 장영이 이끄는 도둑의 소굴로 누구나 부임하기 꺼리는 곳이었다.

그러나 장강은 피하지 않고 당당히 임지에 도착하였다. 그는 부임하자 전혀 두려워하지 않고 곧장 도둑의 소굴로 두목 장영(張嬰)을 찾아갔다. 죽음을 두려워하는 빛도 없이 태연히 찾아온 장강을 보고 장영은 오히려 놀랍고 감복하여 정중히 맞아들였다. 장영과 부하 도둑들을 만난 자리에서 장강은 인간의 도리와 사물의 이치를 말하면서 투항하여 개과천선할 것을 진심으로 종용하였다.

그러자 두목인 장영은 장강의 용기와 열정에 감명 받아 이렇게 말했다.

「이런 생활을 하는 것이 어찌 올바른 길이겠으며 오래 지속될 수 있겠습니까? 저희들은 벼슬아치들의 가혹한 처사에 견디다 못해 모두가 모여서 도적이 되었습니다. 지금 이렇게 목숨이 붙어있지만, 마치 물고기가 솥 안에 있는 것과 마찬가지입니다. 결코 오래 지속되지 못할 것입니다(汝等若是 相取久存命 其如釜中之魚 必不久之)」

장영은 항복하였고, 장강은 이에 대한 대가로 그들에게 잔치를 베풀어 주었으며, 그들을 석방하였다. 마침내 광릉군은 평온을 되찾았다. 「부중지어」는 곧 삶겨질 것도 모른 채 솥 안에서 펄펄 날뛰는 물고기와 같은 뜻으로, 자기 명대로 살지 못한다는 것을 비유한 말이다.

비슷한 말로 「도마 위에 오른 고기」라는 뜻의 「조상지육(俎上之肉)」이라는 성어가 있다.

❷ 遊鵾獨運 (유곤독운)

游鵾独运　놀 **遊** 댓닭 鵾 홀로 **獨** 돌 **運**

《천자문》에 있는 말이다.

「동천의 붉은 노을에 곤(鵾) 새만이 홀로 운회(運回)하면서 붉은 하늘을 업신여기듯 누비고 있다(遊鵾獨運 凌摩絳霄)」

곤어(鵾魚)는 홀로 제 뜻대로 노닐다가, 붕새가 되어 아침이 밝아오면서 동쪽 하늘에 해가 솟아오르려고 할 때 하늘 테두리를 넘어 미끄러지듯 날아가는 광경이다. 따라서 곤새(붕새)가 마음대로 날개를 펴고 하늘을 높이 날아 기상을 펼치는 광경이라고 볼 수 있다.

《회남자(淮南子)》 인간훈에 있는 말이다.

「대체로 홍곡(鴻鵠)은 부화하기 전에는 한 손가락으로 비벼도 형체가 없이 망가진다. 그러나 힘줄과 뼈가 생기고 깃이 돋아나게 되면 날개를 펴고 마음대로 하늘을 날아 구름도 업신여기며, 등으로는 청천(靑天)을 지고 가슴으로는 적소(赤霄)를 어루만져 하늘 위를 훨훨 날아 무지개 사이를 노닌다」

붕 새

또 《장자(莊子)》 소요유편에도 이런 말이 있다.

「북명(北溟) 바다에 물고기가 있는데 그 이름은 곤(鯤)이다. 곤어(鯤魚)는 하도 커서 몇 천 리나 되는지 알지 못한다. 곤어가 탈바꿈하여 새가 되니 그 이름은 붕(鵬)이다. 붕새의 등은 몇 천 리나 되는지 알지 못한다」

❸ 獨不將軍 (독불장군)

独不将军 홀로 **獨** 아닐 **不** 장수 **將** 군사 **軍**

혼자서는 장군을 못한다는 뜻으로, 남의 의견을 무시하고 혼자 모든 일을 처리하는 사람의 비유.

혼자서는 다 잘할 수 없으므로 남과 협조해야 한다는 뜻을 담고 있는 말.

저 혼자 잘난 체하며 뽐내다가 남에게 핀잔을 받고 고립된 처지에 있는 사람을 이르는 말이다.

❹ 運轉亡已 (운전망이)

运转亡已 돌 **運** 구를 **轉** 없을 **亡** 그칠 **已**

우주의 만물이 늘 운행 변전하여 잠시도 그치지 않음을 이르는 말이다.

《열자》 천서편(天瑞篇)에 있는 말이다.

죽웅(粥熊)이 말했다.

「모든 사물은 멈춤이 없이 시시각각으로 변하여 흐르고 있으며, 천지도 사람이 모르는 사이에 이곳에서 저곳으로 이동하고 있는데, 이런 운동을 누가 깨닫겠는가(運轉亡已 天地密移 疇覺之哉)?

그러므로 어떤 물건이 저곳에서 텅 비게 되면 이곳에서는 가득 차게 된다. 또 이곳에서 이루어지는 것은 저곳에서는 허물어지게 된다.

텅 빈 것은 가득 차게 되고 이루어진 것은 허물어지게 된다.

존재하는 것 모두는 세계의 흥망을 따라 일어나고 사멸케 된다. 그러나 흘러갔다가 흘러오는 사물은 서로 맞닿아 있어 그 간격을 살필 수가 없다.

어느 누가 이런 변화하는 현상을 깨달을 수가 있겠는가? 한 사물의 기운은 갑자기 움직여 진행되는 것도 아니고, 한 사물의 형상은 갑자기 움직여 이지러지는 것도 아니다.

그러므로 누구도 사물의 형상이 이루어지는 것을 느끼지 못하고 사물이 이지러지는 것도 잘 느끼지 못한다.

이런 현상은 마치 사람이 세상에 태어나면서부터 늙어 죽을 때까지 자기도 모르는 사이 얼굴빛과 형태가 달라지지 않는 날이 없고 피부와 모발이 생기고 바로 벗겨지고 떨어지는 것도 같다.

그러므로 어린 시절의 상태가 변모치 않고 머물러 있는 일은 없다. 사람은 모든 사물이 형성되었다가 훼손되어 사라지는 그 한계를 느끼지 못하다가 늙어 죽게 되는 날에야 비로소 알게 된다」

❺ 凌雲之志 (능운지지) 凌云之志 능가할 **凌** 구름 **雲** 의 **之** 뜻 **志**

능운(凌雲, 陵雲)은 구름을 뚫고 하늘로 올라감을 이르는 말.

높이 세상 밖에 초탈하려는 뜻. 속세를 떠나려는 마음. 선도(仙道)를 터득한 마음. 또는 높은 지위에 올라가고자 하는 뜻.

일반적인 의미는 입신출세하려는 대망, 즉 높은 지위에 올라가고자 하는 뜻으로 「청운지지(青雲之志)」와 같은 말이다.

장구령

「청운(靑雲)」은 푸른 구름을 말한다. 푸른 구름과 같은 뜻이 「청운지지」다. 푸른 구름은 사람들이 잘 볼 수 없는 귀한 구름이다. 신선이 있는 곳이나 천자가 될 사람이 있는 곳에는 푸른 구름과 오색구름이 떠 있었다고 한다.

그래서 「청운에 뜻을 둔다」하면 남보다 훌륭하게 출세할 뜻을 가지고 있다는 말이 된다. 이제 막 일을 시작하려는 사람이 원대한 이상을 품고 이를 이루어 나가겠다는 의지를 비유하는 말이다.

다음은 당나라 때의 문인 장구령(張九齡)의 「거울을 비춰 백발을 보다」라는 뜻의 「조경견백발(照鏡見白髮)」이라는 오언절구의 시이다.

그 옛날 청운의 뜻이
이루지 못한 백발의 나이에
뉘가 알리오, 밝은 거울 속
얼굴과 그림자가 절로 서로 안타까워함을.

宿昔靑雲志　蹉跎白髮年　숙석청운지 차타백발년
唯知明鏡裏　形影自相憐　유지명경리 형영자상련

장구령은 당나라 현종(玄宗) 때의 재상으로 문재(文才)가 뛰어나고 어진 재상이었으나, 이임보(李林甫)에게 미움을 받아 벼슬길에서 파직되어 초야에서 여생을 보낸 인물이다. 그가 재상의 자리에서 물러나며 쓸쓸한 감회를 읊은 것이 바로 위의 시이다. 한편 「청운지지」는 높이 세상 밖에 초탈하여 속세를 떠나려는 마음인 「능운지지(凌雲之志)」와 같은 뜻으로도 쓰인다.

「그 옛날 푸른 꿈을 안고 재상이 되어 나라를 위해 있는 힘을 다했으나 뜻대로 되지 못하고 늙은 나이에 미끄러져 물러나고 말았다. 거울 속에 비친 그림자와 서로 마주보며 서글퍼하는 마음을 그 누가 알아줄 사람이 있으리오」 하는 내용이다.

그러나 옛날에는 「청운」 이란 말이 꼭 출세의 뜻으로만 쓰인 것은 아니었다.

《사기》 백이열전에서 태사공(太史公)은 이렇게 말하고 있다.

「민간에 있는 사람들이 덕을 닦아 이름을 세우고자 청운의 선비(靑雲之士)의 힘을 빌지 않으면 어떻게 후세에 그 이름을 전할 수 있겠는가」

즉 백이 숙제 같은 사람도 공자 같은 성인이 그를 위대하게 평해 주지 않았으면 그 이름이 세상에 전해질 수 없었다는 것을 개탄한 것으로 여기서는 공자가 청운지사로 지적된 것이다.

왕 발

주석에는 청운지사를 귀하고 위대한 사람이라고 풀이하고, 또 「청운지사」 에는 세 가지 뜻이 있어서, 덕이 높은 사람, 지위가 높은 사람, 뜻이 높은 사람에게 두루 쓰인다고 했다. 결국 푸른 뜻이니, 푸른 꿈이니 하는 것

등왕각

은 무엇이 됐든 높고 크게 한번 되어 보겠다는 원대한 포부의 뜻으로 풀이될 수 있을 것 같다.

왕발(王勃)의 「등왕각서(滕王閣序)」에도 청운지지란 말이 장구령의 시에 나오는 것과 같은 출세의 뜻으로 쓰고 있다. 왕발도 같은 시대의 사람이다. 당시는 「청운」의 뜻이 지금과 같이 출세의 뜻으로 쓰이고 있었던 것 같다.

❻ 轂擊肩摩(곡격견마)

轂击肩摩 수레바퀴통 轂 칠 **擊** 어깨 **肩** 부딪칠 **摩**

수레바퀴통이 부딪치고 사람이 어깨를 서로 스친다는 뜻으로, 번화가를 이르는 말. 수레바퀴통이 서로 부딪치고 사람의 어깨가 스칠 정도로 수레와 사람들의 왕래가 많은 거리의 번화한 모습을 말한다.

「인마낙역(人馬絡繹)」이라고도 한다.

전한 말 학자 유향(劉向)이 편찬한 《전국책》 제책(齊策)에 있는 말이다.

전국시대 각 나라의 군주는 권력을 강화해 나갔으며 경제력을 강화하고, 군사력을 튼튼히 하여 도시가 크게 번창하였다.

서주(西周)시대에 제(齊)나라의 헌공(獻公)이 BC 859년 박고(薄姑)

로부터 임치(臨淄)로 천도한 뒤, BC 3세기 말 제나라가 멸망할 때까지 도읍으로 번영하였다. 특히 전국시대에는 상인·수공업자·학자 등이 모여들어 호수(戶數)가 7만에 인구는 수십만이었다고 한다.

고도 임치성 복원

성안은 풍요롭고 번성하여 백성들은 악기를 타고 노래를 불렀으며, 닭싸움, 쌍륙(雙六, 장기의 일종), 공차기 등의 놀이를 즐겼다.

임치의 번화한 거리 풍경을 표현한 데서 나온 말이다. 수레바퀴가 맞부딪치고 오고가는 행인들의 어깨가 서로 닿을 만큼 복잡하게 인파가 붐비는 시가(市街)를 말한다.

❼ 凌摩絳霄 (능마강소)

凌摩绛霄 능가할 **凌** 문지를 **摩** 진홍 **絳** 하늘 **霄**

곤어(鯤魚)가 붕새(鳳鵬)로 변하여 한 번 날면 구천(九天)에 이른다는 뜻으로, 사람의 운수(運數)를 이르는 말.

「능마강소」는 붕새의 나는 모습이 붉은 태양을 업신여기며, 능력이나 수준이 태양을 능가한다고 자랑하고 뽐내는 듯하다는 표현이다.

《천자문》에 있는 말이다.

「동천의 붉은 노을에 곤(鵾) 새만이 홀로 운회(運回)하면서 붉은 하

곤붕도

늘을 업신여기듯 누비고 있다(遊鵾獨運凌摩絳霄)」

곤은 장주(莊周, 장자)가 말하는 북명(北冥)에 사는 물고기로, 이리저리 돌아다니는데 바다에서 홀로 움직인다. 곤(鯤)은 속본에 곤(鵾)이라 쓰는데 잘못된 것이다. 곤이 변하여 새가 되는데 일러 붕이라 부른다. 푸른 하늘을 등에 지고 한 번 날면 구만 리를 가는데 붉은 해를 업신여기며 가까이 간다. 이는 사람이 날아오르고 숨어 움직이는 것은 각각 때가 있다는 것을 깨우쳐 주는 것이다.

장자는 이름은 주(周)이고, 자는 자휴(子休), 호는 남화진인(南華真人)이다. 전국시대 송(宋)나라의 사상가이자 철학자, 문학자로서, 노자(老子)와 더불어 도가(道家)의 쌍벽으로 일컬어지는데, 특히 위진(魏晉)시대와 북송 이후의 문인(文士)들에게 커다란 영향을 미쳤다.

❽ 霄壤之判 (소양지판)

霄壤之判 하늘 **霄** 흙 **壤** 갈 **之** 가를 **判**

하늘과 땅 사이의 차이라는 뜻으로, 사물들이 서로 엄청나게 다름을 이르는 말.

「소양지차(霄壤之差)」, 「천양지차(天壤之差)」라고도 한다.

99. 耽讀翫市 寓目囊箱 (탐독완시 우목낭상) 耽读翫市 寓目囊箱

❶ 耽(탐) 溺(닉)

❷ 讀(독) 書(서) 三(삼) 到(도)

❸ 耽(탐) 讀(독) 翫(완) 市(시)

❹ 市(시) 虎(호) 三(삼) 傳(전)

❺ 寓(우) 目(목) 囊(낭) 箱(상)

❻ 刮(괄) 目(목) 相(상) 對(대)

❼ 囊(낭) 中(중) 之(지) 錐(추)

❽ 傾(경) 箱(상) 倒(도) 篋(협)

풀이

❶ 耽溺(탐닉) 耽溺 즐길 **耽** 빠질 **溺**

어떤 일을 몹시 즐겨서 거기에 빠짐.

술과 노름에 대한 탐닉으로 그는 패가망신하고 말았다 할 때 쓴다.

「약학(藥學)」에서 약물의 반복 사용으로 의존성이 생겨 신체적으로 약물에 의존하지 않고는 정상적인 생활을 할 수 없게 됨. 또는 그런 상태. 정신적 의존인 습관성과 대비되는 개념이다.

❷ 讀書三到(독서삼도) 读书叁到 읽을 **讀** 책 **書** 석 **三** 이를 **到**

독서를 하는 세 가지 방법.

즉, 입으로 다른 말을 하지 않고 책을 읽는 구도(口到),

눈으로 다른 것을 보지 않고 책만 잘 보는 안도(眼到),

마음속에 깊이 새기는 심도(心到)를 이른다. 마음과 눈과 입을 함께 기울여 책을 읽으라는 것이다. 독서삼매라고도 한다.

송(宋)나라 학자 주희(朱熹)가 쓴 《훈학재규(訓學齋規)》에 있는 말이다.

주 희

본래 삼매(三昧)는 불교에 있어서의 수행법으로, 마음을 하나의 대상에 집중시켜 감각적 자극이나 그 자극에 대한 일상적 반응을 초월하는 상태를 유지하는 것이다. 인도의 요가, 불교 등에서 말하는 고요함·적멸(寂滅)·적정(寂靜)의 명상 상태 또는 정신집중 상태를 말한다.

보통 독서삼매에 빠졌다고 할 때, 고도의 정신집중으로 매우 고요한 상태에 빠졌다는 의미이다. 깨어 있는 상태로 고요한 것이지, 졸면서 고요한 상태를 말하는 것이 아니다. 삼도(三到) 또한 그런 경지를 의미한다.

공 자

공자는 《논어(論語)》 첫머리에 「배우고 때로 익히면 이 또한 즐겁지 아니한가(學而時習之 不亦說乎)」 하였고, 맹자도 진심편(盡心篇)에서 군자에게는 세 가지의 즐거움이 있는데, 그 중 하나가 「천하의 영재를 얻어 그를 교육하는 것(得天下英才而教育之)」이라고 하였다.

주희는 「권학문(勸學文)」에서 학문하기가 얼마나 어려운지를 말하고 있다.

소년은 금방 늙고 학문은 이루기 어려우니
잠깐의 시간이라도 가벼이 하지 말라
못가의 풀들이 봄꿈에서 깨기도 전에
마당가의 오동나무 잎이 가을 소리를 낸다

少年易老學難成　一寸光陰不可輕　소년이로학난성　일촌광음불가경
未覺池塘春草夢　階前梧葉已秋聲 미각지당춘초몽　계전오엽이추성

중국에서는 관직에 나아가는 것이 부와 명예를 한꺼번에 얻는 길이었다. 그리고 관직에 나가기 위해서는 과거를 거쳐야 했으므로, 자연히 교육과 학문을 중시하게 되었다. 책을 읽는, 즉 독서하는 마음가짐을 강조한 말이 이 「독서삼도」이다.

❸ 耽讀翫市(탐독완시) 耽读翫市 즐길 **耽** 읽을 **讀** 갖고놀 **翫** 저자 **市**

「저잣거리 책방에서 글 읽기에 골똘하니, 그대로 주머니와 상자 속에 조목조목 갈무리하는 것 같다(耽讀翫市 寓目囊箱)」

《천자문》에 있는 말이다.

부귀영화에 초연하여 시골에 사는 선비가 책을 즐겨(耽) 읽다가(讀) 가끔 저잣거리(市)를 둘러보고(翫), 시장의 물건들을 사지 않고 눈(目)으로 보기만(寓) 해도 자신의 주머니(囊)나 바구니(箱)에 담은 것같이 마음이 풍성해진다.

《몽구(蒙求)》 왕충열시(王充閱市)에 이런 이야기가 나온다.

「후한의 왕충(王充)은 자(字)가 중임(仲任)이며 회계 상우(上虞) 사람으로 글 읽기를 좋아하였으나 책 살 돈이 없어 낙양(洛陽) 저잣거리에 있는 책방에 가서 진열된 책을 읽었는데, 한 번 보면 능히 이를 외우고 기억하였다. 마침내 여러 갈래인 백가(百家)의 말에 통달하였고, 군의 공조(功曹)가 되어 벼슬살이를 하였다」

후한(後漢) 시대에 왕충(王充)이라는 대학자가 있었다. 왕충은 지방의

말단 관리로 평생을 불우하게 지냈다. 그는 서책 읽기를 즐겨하고 학문을 좋아했으나 가난하여 책을 사 볼 수가 없었다고 한다. 그러나 어떤 서책이든지 한 번 보기만 하면 그 내용을 평생토록 잊어버리지 않는 뛰어난 기억력과 집중력의 소유자였다.

왕 충

집안이 가난하여 책방에서 책을 탐독한 왕충은 뒷날 《논형(論衡)》 85편을 저술하여 지금도 전해지고 있다.

형(衡)이라 함은 저울에 달아서 공평하게 중량을 재는 것이다. 《논형》의 주지는 허위 지식 일체를 검토하고 비판하여 공정한 진리를 끌어내는 데에 있었다. 실제로 이 책에는 당시의 주요한 철학 문제(자연관 · 지식론 · 인성론 · 운명론 · 정치사상)가 전부 포함되는데, 독창성이 풍부한 이론이 전개되었다.

❹ 市虎三傳 (시호삼전) 市虎叁传 저자 **市** 범 **虎** 석 **三** 전할 **傳**

근거 없는 말이라도 여러 사람이 말하면 곧이듣는다.

「삼인성호(三人成虎)」라고도 한다.

세 사람이 똑같은 말을 하면 없는 호랑이도 있는 것으로 알게 된다는 뜻이다. 경우는 좀 다르지만, 우리말에 「열 번 찍어 안 넘어가는 나무 없다」는 말이 있다. 이것을 문자로 「십벌지목(十伐之木)」이라 한다.

《전국책》 위책(魏策)에 있는 이야기다.

위(魏)나라는 외교 관례상 조(趙)나라에 인질로 태자와 그의 수행원을 보내야만 하였다. 태자의 수행원으로 중신 방총(龐惣)은 위나라 태자와 함께 인질로 조나라 수도 한단으로 가게 되었다.

방총은 떠나기에 앞서 혜왕(惠王)에게 말했다.

「지금 누가 『장마당에 호랑이가 나타났다』고 하면 믿으시겠습니까?」

「믿을 수 없지」

「그런데 또 다른 사람이 와서 똑같은 말을 하면 믿으시겠습니까?」

「반신반의하게 되겠지」

「세 번째로 또 다른 사람이 똑같은 말을 하면 어떻겠습니까?」

「그때는 믿게 되겠지」

「대체로 장마당에 호랑이가 나타나지 않는다는 것은 누구나 알고 있는 사실입니다. 그런데도 세 사람이 똑같이 호랑이가 나타났다고 하면 그런 것이 되고 맙니다(夫市之無虎明矣 然而三人言而成虎). 지금 한단은 대량(大梁 : 위魏의 수도)과 멀리 떨어져 있기가 장마당보다 더하고, 신을 모함하는 사람은 세 사람 정도가 아닙니다. 바라건대 왕께선 굽어 살피소서」

「알았소. 누가 무슨 소리를 하던 내가 직접 확인하도록 하겠소」

이리하여 왕을 하직하고 한단으로 떠났으나, 방총이 미처 한단에 도착하기도 전에 벌써 그를 모함하는 사람이 나타나기 시작했다. 뒤에 태자가 인질에서 풀려 위나라로 돌아왔을 때, 그는 예상한 대로 간신들의 모함으로 왕을 뵐 수가 없었다. 방총은 이런 사태를 예견하고 왕에게 간언한 것이다.

근거 없는 말도 여러 사람이 하면 믿게 된다는 뜻이며, 유언비어로 진실을 숨기는 것을 비유할 때도 종종 사용된다. 「삼인성시호(三人成市虎)」라고도 한다.

이와 비슷한 이야기는 호랑이 대신 증자(曾子)를 예로 든 것으로, 「증삼살인(曾參殺人)」이란 성어가 있다.

증 삼

증자는 효도로, 또 마음씨 착하기로 세상이 다 아는 터였다. 그런데 증자와 똑같은 이름의 증삼(曾參)이란 자가 사람을 죽였다. 이 소문을 들은 마을 사람이 증자의 어머니를 찾아가 소식을 전했다.

베를 짜고 있던 증자의 어머니는,

「내 자식이 사람을 죽일 리가 없다」

하고 베만 계속 짜고 있었다. 조금 뒤 또 한 사람이 달려와 같은 말을 했다. 증자의 어머니는 여전히 베만 짜고 있었다. 그러나 세 번째 사람이 달려와 똑같은 말을 전하자, 그제야 어머니도 베틀에서 일어나 숨었다는 것이다.

착한 아들을 믿는 어머니의 마음도 여러 사람의 말 앞에는 흔들리지 않을 수 없었다는 이야기다. 과연 모함이란 무서운 것, 그것에 속지 않기란 참으로 어려운 것이다. 심지가 굳은 사람이라도 같은 거짓말을 여러 번 듣게 되면 곧이듣게 된다는 말이다.

❺ 寓目囊箱

우목낭상

寓目囊箱 붙일 **寓** 눈 **目** 주머니 **囊** 상자 **箱**

눈길을 주어 책을 보면 주머니(囊)와 상자에 넣어두는 것과 같다.

《천자문》에 있는 말이다.

「저자의 책방에서 글 읽기를 즐기니, 눈길을 주어 책을 보면 주머니와 상자에 담아두는 것과 같다(耽讀翫市 寓目囊箱)」

후한 초의 사상가 왕충(王充)은 지방의 말단관리로 평생을 불우하게 살았다. 그는 서책(書冊) 읽기를 좋아하고 학문을 좋아했으나, 집안이 너무도 가난하여 책을 사서 볼 수가 없었다. 그러나 어떤 책이든지 한 번 보기만 하면 그 내용을 평생토록 잊어버리지 않는 뛰어난 기억력과 집중력의 소유자였다고 한다.

❻ 刮目相對

괄목상대

刮目相对 비빌 **刮** 눈 **目** 서로 **相** 대할 **對**

눈을 비비고 다시 본다는 뜻으로, 곧 남의 학식이나 재주가 이전에 비하여 다른 사람으로 볼 만큼 부쩍 는 것을 일컫는 말이다.

《삼국지》 오지(吳志)에 있는 이야기다. 삼국시대 초, 오왕(吳王) 손권(孫權)에게는 여몽(呂蒙)이라는 장수가 있었다. 그는 무식한 사람이었으나 전공을 쌓아 장군이 되었다.

어느 날, 여몽은 손권으로부터 공부하라는 충고를 받았다. 그래서 그는 전쟁터에서도 「손에서 책을 놓지 않고(手不釋卷)」 학문에 정진했다. 그 후 중신(重臣) 가운데 가장 유식한 재상 노숙(魯肅)이 전지 시찰

오왕 손권

길에 오랜 친구인 여몽을 만났다. 그런데 노숙은 대화를 나누다가 여몽이 너무나 박식해진 데 그만 놀라고 말았다.

「아니, 여보게. 언제 그렇게 공부했나? 자네는 이제 『오나라에 있을 때의 그 여몽이 아닐세(非吳下阿蒙)』 그려」

그러자 여몽은 이렇게 대꾸했다.

「무릇 선비란 헤어진 지 사흘이 지나서 다시 만났을 땐 눈을 비비고 대면해야 하는 법이라네(士別三日 卽當刮目相對)」

❼ 囊中之錐(낭중지추) 囊中之锥 주머니 **囊** 가운데 **中** 의 **之** 송곳 **錐**

재능이 뛰어난 사람은 숨어 있어도 사람에게 알려진다.

《동헌필록(東軒筆錄)》에 있는 이야기다.

중국 장산(長山)이라는 동네에 점(占)을 잘 치는 사람이 있었다. 이 사람의 점은 신(神)을 불러내어 그 신으로부터 모든 것을 일러 받는 일이었다. 이 점에 나오는 신은 하선고(何仙姑)라는 이름으로 그 말하는 것이 조리에 들어맞고 학문에 대해서도 조예가 깊었으므로 모든 사람들한테 인기가 높았다.

그 시절에 장산에서 공부하고 있던 학생 중에 이(李)라는 사람이 있었는데 행실이 좋고 두뇌도 문장도 능했으므로 남한테 신망을 받아 왔었다. 허나 웬일인지 이 사람이 과거(科擧)만 보면 반드시 떨어지므로 친한 친구들이 걱정하여 하선고를 불러내어 물어보기로 하였다.

하선고

「내 친구 이(李)는 인물이 훌륭한 자로 문장도 능한데 시험만 보면 꼭 떨어지니 도대체 어찌 된 셈일까요?」

하고 묻자 하선고는 대답하였다.

「이상하군. 그럼 그 이군이 쓴 글을 좀 보여주게」

친구들이 이군이 쓴 글을 가져다 보였더니 하선고는 술술 내려 읽으며 말하는 것이었다.

「으음, 이 글은 훌륭한데. 그렇다면 장원급제는 틀림이 없겠는데, 참 이상도 한 노릇인 걸. 잠깐 조사해 보고 올 터이니 기다려 보게나」

얼마 있다가 하선고가 말했다.

「내가 지금 관에 가서 조사를 해보았더니 시험관 책임자는 관내의 사무가 바빠서 채점을 부하에게만 맡기고 있다더군. 그 부하들이라는 것이 누구 하나 똑똑한 자가 없어 아무리 이군이 좋은 글을 썼어도 그 뜻을 못 알아보는 것일세. 한두 사람 학문이 나은 사람이 있으나 답안은 여러 사람이 나누어 보고 있으므로 요행 그런 사람에게 걸리지를 않았네. 아마 이군은 이 다음 시험에도 떨어지게 될 걸세」

친구들은 돌아가 이군에게 이런 이야기를 하였더니 이군은 몹시 낙

심을 하였다. 그렇다고 학문을 단념할 수는 없었다. 그래서 이 때 문장의 대가로서 유명한 손(孫)선생에게 가져다가 평을 받기로 하였다.

「이건 잘 됐는걸. 이런 훌륭한 글이 떨어진다는 것은 있을 수 없는 일이야. 군은 반드시 합격할 것이므로 점쟁이가 하는 말을 염려할 필요가 없네」

이 말을 듣고 난 이군도 다시 자신을 얻어 다음 시험을 치렀다.

허나 시험 결과가 발표된 것을 보니 하선고가 말한 대로 이군은 떨어져 버렸다. 이군의 실망은 말할 것도 없고, 손선생도 이 말을 듣고 당장 이군의 답안을 갖다 조사해 보았더니 이렇다 할 결점도 없고 언제나 다름없는 훌륭한 문장이었다.

「이것은 이상한데? 이런 훌륭한 문장을 쓰고서도 합격이 안되다니. 이는 반드시 시험관의 책임자가 바빠서 직접 답안을 조사하지 못하고 부하들에게 채점을 시키고 있는 까닭일 거야」

손선생의 말이 하선고가 말한 이야기와 같았으므로 이군은 또다시 하선고의 말이 옳았음에 감탄하여 다시 한 번 하선고를 불러내어 물었다.

「요전 시험 결과는 선생이 말씀하신 대로였습니다. 이 다음 시험에는 기필코 합격해야겠는데 무슨 좋은 도리는 없겠습니까?」

하고 묻자 하선고는 대답하였다.

「별도리는 없어, 단지 참다운 길 하나밖에는. 참다운 일은 반드시 나타난다. 마치 포대 속에 송곳을 넣어 두면 언젠가는 그 끝이 포대를 뚫고 나오듯이, 훌륭한 사람은 아무리 운이 나빠서 밑바닥에 눌려 있어도 언젠가는 반드시 세상에 뛰어나는 법이다. 이군은 한두 번의 실패에 낙담 말고 이제부터도 쉬지 말고 학문을 닦아, 쓴 글을 여러 사람에게 보이도록 하게. 그 동안에는 반드시 시험관도 군의 진정한 가치를 알아주게 될 것이네」

이군은 하선고에게 들은 대로 그로부터도 열심히 공부하여 자기가 지은 문장을 계속해서 세상에 발표하였다. 그리하여 이군이 훌륭한 인물이라는 것이 논의가 되어 그 다음 시험에는 장원으로 합격하였던 것이다.

또 《사기》 모수전(毛遂傳)에 이런 이야기가 있다.

진나라가 조나라 서울 한단(邯鄲)을 포위하자 조나라는 평원군을 초나라로 보내 구원병을 청하게 했다. 평원군은 길을 떠날 때 문무를 겸한 문객 스무 명을 뽑아 데리고 가기로 하고, 인선에 들어갔으나 겨우 열아홉 명밖에 뽑지 못했다. 더 고를 만한 사람이 없었던 것이다. 이에 자청해서 나선 것이 모수였다.

모 수

평원군이 모수를 보고 이것저것 물어보니, 그는 식객으로 들어온 지도 3년이나 되었다고 하는데 그의 눈에 들지 않았다는 사실로 보아 별다른 재주가 있는 것 같지 않았다.

「어떤 사람에게 재주가 있다면 마치 주머니 속 송곳처럼 당장 비어져 나왔을 걸세(譬若錐地處囊中 其末立見). 그대는 3년 동안이나 내 집에 있었으면서도 아무런 재주도 보여주지 못했으니 안되겠네」

평원군이 못미덥다는 듯 이렇게 말하자, 모수는 벌떡 일어서며 말했다.

「제가 저를 스스로 천거하려는 것은 바로 군께서 지금 나를 주머니 속에 넣어 달라는 뜻입니다. 일찌감치 저를 주머니 속에 넣었더라면 벌써 비어져 나왔을 게 아니겠습니까?」

평원군은 모수의 말도 그렇겠다 싶어 마침내 그를 20번째 수행원으로 발탁해서 결국 모수의 큰 활약으로 목적을 달성할 수 있었다.

⑧ 傾箱倒篋 (경상도협) 倾箱倒箧 기울 傾 상자 箱 엎을 倒 상자 篋

광주리를 기울이고 상자를 엎는다는 뜻으로, 가진 것을 남김없이 다 내놓아 극진히 환대함을 이르는 말. 「경광도협(傾筐倒篋)」이라고 한다.

진(晉)나라의 태위(太尉) 치감(郗鑒)에게는 재색을 겸비한 딸이 있었다. 치감은 그 딸을 애지중지하며 훌륭한 배필을 구해 주려고 했다. 그는 백방으로 수소문한 결과 재상 왕도(王導)의 아들들이 이목구비가 뚜렷하고 총명하다는 사실을 알게 되었다. 그래서 그는 그의 문생(문하생)에게 왕도의 집으로 가서 아들들의 면모를 하나하나 꼼꼼히 살펴보고 오도록 하였다.

왕도의 자식들 또한 치감의 딸이 훌륭한 규수(閨秀)임을 익히 알고 있었다. 그녀의 집에서 사람이 온다는 소식을 듣자 모두들 최대한 잘 보여 사위로 뽑히고 싶어 긴장하였다.

단지 한 아들만은 이 일에 관심이 없다는 듯이 평소 하던 대로 행동하였다. 그는 문생이 와서 지켜보는데도 개의치 않고 침상에서 배를 드러내놓고 음식을 먹었다. 이들을 관찰한 후 돌아온 문생은 치감에게 이들의 면모를 구체적으로 보고했다. 그러자 치감이 말했다.

「바로 그 배를 드러내고 음식을 먹은 이가 내 사윗감일세」

그가 바로 후대에 서성(書聖)으로 이름을 떨친 왕희지(王羲之)였던 것이다. 치감의 딸은 왕희지와 혼례를 올렸다. 그 후 친정으로 놀러왔다가 남동생에게 이렇게 말하였다.

왕희지

「왕가(王家)의 사람들은 사안(謝安)과 사만(謝萬)이 오면 즉시 광주리와 시렁 속에 있던(傾筐倒庋) 음식을 꺼내 극진히 대접하면서도, 너희들이 오면 평상시처럼 대접하니 다음부터 번거롭게 왕씨 댁에 내왕하지 않도록 해라」

여기서 사안은 일찍부터 왕희지와 풍류자적(風流自適)을 즐겼으며, 행서(行書)를 잘하였으며, 마흔이 넘어서 출사(出仕)하였는데, 재상의 자리까지 올랐다. 이 이야기에서 유래하여 자기가 가지고 있던 모든 것을 남김없이 다 내놓는다든가, 말을 숨기지 않고 다 하는 것을 일러 「경광도협」이라고 한다.

100. 易輶攸畏 屬耳垣墻 易輶攸畏 属耳垣墙

(이유유외 속이원장)

❶ 創業易守成難 (창업이수성난)

❷ 德輶如毛 (덕유여모)

❸ 攸好德 (유호덕)

❹ 後生可畏 (후생가외)

❺ 耳屬于垣 (이속우원)

❻ 掩耳盜鈴 (엄이도령)

❼ 屬耳垣墻 (속이원장)

❽ 朽木糞墻 (후목분장)

풀이

❶ 創業易守成難
창업이수성난

创业易守成难 시작할 **創** 업 **業** 쉬울 **易** 지킬 **守** 이룰 **成** 어려울 **難**

일을 시작하기는 쉬우나, 이룬 것을 지키기는 어렵다.

창업의 본뜻은 왕조(王朝)를 세우는 것, 곧 개국(開國)을 의미한다. 그리고 창업자의 뜻을 잘 계승하여 지속적으로 발전시키는 것을 수성(守成)이라 한다.

이 말을 처음 사용한 사람은 맹자(孟子)였으며, 그는 두 가지 모두 덕을 쌓아야 가능하다고 하였다. 역사상 창업과 수성을 가장 성공적으로 수행한 인물로는 당태종 이세민(李世民)을 꼽는다. 그의 이야기가 《당서(唐書)》, 《정관정요(貞觀政要)》 등에 전한다.

당태종 이세민

초당(初唐)의 태평성세를 형용하여 흔히 「당초 3대의 치(治)」라고 한다. 정관의 치(貞觀之治 : 태종 627~649), 영휘의 치(永徽之治 :고종 650~655), 개원의 치(開元之治 : 현종 713~734)를 말한다.

이들 시대에는 황제가 사치를 경

계하고 현신을 잘 써서 천하가 잘 다스려졌기 때문이다. 특히 태종의 정관의 치는 후세의 거울이 되었는데 백성은 「길에 떨어진 물건을 주워 갖지를 않고(道不拾遺), 도둑이 없어서 장사꾼이나 여행자들은 안심하고 야숙(野宿)한다」 할 정도로 태평한 세상이었다. 태종이 군신들과 함께 정사를 논한 말을 모은 《정관정요》는 우리나라에서도 정치의 참고로 했었다.

방현령

정관의 치가 이룩된 원인의 하나는 전술한 바와 같이 사치를 태종이 경계하고 많은 현신을 얻었기 때문이다. 정관 초에 결단력이 뛰어난 두여회(杜如晦)와 계략을 꾸미는 데 뛰어난 방현령(房玄齡)의 명콤비가 좌우의 복야(僕射 : 대신)를, 강직한 위징(魏徵)이 비서감장(秘書監長)을, 청렴한 왕규(王珪)가 시중을 맡아 태종의 정치를 잘 보필했기 때문이다. 어느 날 태종이 왕규에게,

「그대는 현령 이하 제신들과 비교해서 어떤가?」 라고 하문했을 때 왕규는 이렇게 대답했다.

「부지런히 나라를 받들며 알고 말하지 않는 점에서는 신이 방현령에 미치지 못합니다. 재질이 문무를 겸비하여 안에서는 재상, 나아가서는 대장노릇 할 수 있는 점에서는 신은 이정(李靖)을 당하지 못합니다. 군주가 요순과 같지 않음을 부끄러이 여겨 간쟁(諫諍)을 자기의 임무로 삼는 점에서는 신은 위징을 따르지 못합니다……」

또 태종은 전에 근신들에게 이렇게 하문한 적이 있었다.

「제왕의 사업은 초창(草創)이 어려운가, 수성(守成)이 어려운가?」

상서좌복야(尙書左僕射 : 부총리)인 방현령이 대답했다.

「어지러운 세상에 많은 영웅들이 다투어 일어나, 이를 쳐서 깨뜨린 뒤라야 항복을 받고, 싸워 이겨야만 승리를 얻게 되므로 초창이 어려운 줄 아옵니다」

두여회

그러자 위징이 말했다.

「제왕이 처음 일어날 때는 반드시 먼저 있던 조정이 부패해 있고 천하가 혼란에 빠져 있기 때문에 백성들은 무도한 임금을 넘어뜨리고 새로운 천자를 기뻐 받들게 됩니다. 이것은 하늘이 주시고 백성들이 따르는 것이므로 어려울 것이 없습니다. 그러나 이미 천하를 얻고 나면 마음이 교만해지고 편해져서 정사에 게으른 나머지 백성은 조용하기를 원하는데, 부역이 쉴 사이 없고, 백성은 피폐할 대로 피폐되어 있는데, 나라에서는 사치를 위한 필요 없는 공사를 일으켜 세금을 거두고 부역을 시키고 합니다. 나라가 기울게 되는 것은 언제나 여기서부터 시작됩니다. 이로 미루어 볼 때 수성이 더 어려운 줄 압니다」

결국 창업이 쉽고 수성이 어렵다는 말은 위징의 입에서 나온 말이다.

두 사람의 이야기를 들은 태종이 이렇게 매듭을 지었다.

「현령은 짐(朕)과 함께 천하를 얻고, 구사일생(九死一生)으로 살아났다. 그래서 창업이 어렵다고 한 것이다. 또한 징은 짐과 더불어 천하를

위 징

편안하게 하여 교사(驕奢)는 부귀에서, 화란(禍亂)은 이완에서 오는 것이라는 것을 항상 두려워하고 있다. 그래서 수성이 어렵다고 한 것이다. 그러나 이제 창업의 어려움은 끝이 났다. 따라서 짐은 앞으로 여러 공(公)들과 함께 수성에 힘쓸까 한다」

태종의 말을 들은 신하들은 과연 태종다운 선택이라 생각하며 할 말을 잊었다. 태종은 자신의 말대로 당나라의 번성을 위한 기틀을 마련하였으며, 《정관정요》는 그의 정치철학을 담은 것으로 제왕학(帝王學)의 명작으로 꼽힌다.

수성이 어려운 것이 어찌 나라뿐이겠는가. 크고 작은 단체들이 다 같은 원리에서 망하고 흥하고 하는 것이다.

❷ 德輶如毛 (덕유여모)

德輶如毛 덕 **德** 가벼울 **輶** 같을 **如** 털 **毛**

도덕을 실행하는 것은 가벼운 털을 드는 것처럼 용이한 일이다.

《시(詩)》에 이르기를, 「덕은 터럭과 같이 가볍다」는 뜻으로, 도덕을 실행하는 것은 가벼운 털을 드는 것처럼 용이한 일이다.

얼핏 듣기에 덕이 깃털처럼 별로 중요하지 않은 것같이 이야기하고 있지만 그렇지가 않다. 깃털은 가벼워 날아가 버린다. 그래서 더욱 마음을 써서 소중히 간직할 필요가 있는 것이다.

순자(荀子)는 이에 대하여 「적미(積微)」라는 말을 사용했다. 적미는 날마다 깃털처럼 작은 덕을 하나하나 쌓아가는 것을 의미한다.

같은 《시경(詩經)》 대아(大雅)에 있는 말이다.

「덕이 터럭같이 가벼우면 올바른 일을 하는 백성이 드물다(德輶如毛民鮮克擧)」

순 자

이것은 가벼운 입놀림을 경계한 것이다. 근신(勤愼)하면 입을 가볍게 놀리지 않게 된다. 맹자는 쉽게 대답하는 말은 믿을 수 없다고 했다.

❸ 攸好德(유호덕) 攸好德

닦을 **攸** 좋아할 **好** 덕 **德**

오복(五福)의 하나. 덕을 좋아하여 즐겨 행하는 일을 이른다.

동양에서 말하는 오복의 하나이다. 덕을 좋아하여 즐겨 선행을 행하려고 함.

《서경(書經)》 홍범편(洪範篇)에 나오는 말이다.

「오복(五福)은 첫째 수(壽), 둘째 부(富), 셋째 강녕(康寧), 넷째 유호덕(攸好德), 다섯째 고종명(考終命)이라(一曰壽 二曰富 三曰康寧 四曰攸好德 五曰考終命)」

다섯 가지 복이 있으니 첫째는 장수하는 것, 둘째는 부유한 것, 셋째는 신체가 건강한 것, 넷째는 좋은 덕을 가진 것, 다섯째는 일생 동안 평안하게 살다가 천명(天命)을 마치는 것을 의미한다.

곧 수(壽)・부(富)・귀(貴)・다남자(多男子)・고종명(考終命)이다. 이 오복을 다 갖춘 사람을 가장 큰 복을 누렸다고 하고 그렇지 못한 사람은 불행(不幸)하다고 한다.

그런데 일반 세상에서는 수와 부와 귀와 강녕과 다남자(多男子)를 오복이라 한다. 그것은 남에게 덕을 베푼다는 유호덕보다는 귀(貴)가 낫고, 자기의 천수(天壽)대로 사는 고종명보다는 자손 많은 것을 원한 때문이다.

❹ 後生可畏 (후생가외) 后生可畏 뒤 **後** 날 **生** 옳을 **可** 두려울 **畏**

안 회

젊은 세대들이 무한한 잠재력을 가지고 발전해 옴의 비유.

후생(後生)은 뒤에 난 사람. 즉 자기보다 나이가 어린 사람을 말한다. 「후생이 가외(可畏)」는 이제 자라나는 어린 사람이나, 수양과정에 있는 젊은 사람들이 두렵다는 말이다.

《논어》 자한편에 있는 공자의 말이다. 두렵다는 것은 무섭다는 뜻이 아니고 존경한다는 뜻이 있다.

「뒤에 난 사람이 두렵다. 어떻게 앞으로 오는 사람들이 지금만 못할 줄을 알 수 있겠는가. 나이 4, 50이 되었는데도 이렇다 할 이름이 알려져 있지 않는 사람은 별로 두려워할 것이 못된다(後生可畏 焉知來者之不如今也 四十五十而無聞焉 斯亦不足畏也已)」

공자의 이 말은 공자보다 서른 살이 아래인 안자(顔子)의 재주와 덕을 칭찬해서 한 말이라고도 한다. 그러나 역시 이것은 하나의 진리가 아닐 수 없다. 미지수란 항상 커나가는 사람, 커나가는 세력에 있는 것이다. 하찮게 여겼던 사람이 커서 자기보다 더 훌륭하게 된 예는 너무도 많다.

❺ 耳屬于垣 (이속우원) 耳屬于垣 귀 耳 엮을 屬 어조사 于 담 垣

담에도 귀가 있다. 남이 듣지 않는 곳에서도 말을 삼가라는 말.

담벼락에 귀가 있다는 말은 사람이 없는 집안에서나 방안에서 한 말이 금방 밖으로 새어나가게 된다는 뜻이다. 「낮말은 새가 듣고 밤 말은 쥐가 듣는다」는 우리말 속담과 같은 말이다.

숨은 도적이 옆에 있다는 말은 가장 심복으로 알고 있는 사람이 어떤 복병(伏兵)과 같은 일을 하게 될지 모른다는 뜻이다. 결국 말과 행동을 조심하라는 뜻이다. 《관자》 군신편에 있는 말이다.

「옛 말에 두 가지가 있으니, 담장에 귀가 있으며, 숨은 도적은 바로 옆에 있다는 말이다. 담장에 귀가 있다는 말은 은밀하게 모의하더라도 밖으로 새게 마련임을 이르는 것이다. 숨은 도적이 바로 옆에 있다는 말은 민심을 얻는 데 깊이 의심함을 이르는 것이다(古者有二言 牆有耳

伏寇在側 牆有耳者 微謀外泄之謂也伏寇在側者 沈疑得民之謂也)」

담장에 귀가 있다는 말은 담장 밖에서 엿듣는 사람이 있을지도 모른다는 뜻으로, 「격장유이(隔牆有耳)」, 「장유이복구재측(牆有耳伏寇在側)」이라고도 한다.

처세에 관한 격언을 모은 《증광현문(增廣賢文)》에도 「담에는 틈이 있고, 벽에는 귀가 있다(牆有逢 壁有耳)」라는 구절이 있다.

아무리 은밀하게 나눈 말이라도 결국은 밖으로 새게 마련이니, 엿듣는 사람이 없도록 더욱 경계하라는 말이다. 우리나라 속담 가운데 「낮말은 새가 듣고, 밤 말은 쥐가 듣는다」라는 말과 비슷한 뜻이다.

❻ 掩耳盜鈴 (엄이도령) 掩耳盗铃 가릴 **掩** 귀 **耳** 훔칠 **盜** 방울 **鈴**

남들은 모두 자기 잘못을 아는데 그것을 숨기고 남을 속이고자 함.

「엄이도령」은 귀를 가리고 방울을 훔친다는 뜻이다. 저만 듣지 않으면 남도 듣지 않는 줄 아는 어리석은 행동을 빗대서 하는 말이다. 「눈 가리고 아웅」과 같은 말이다. 원래는 귀를 가리고 종을 훔친다는 「엄이도종(掩耳盜鍾)」이었는데, 뒤에 종 대신에 방울이란 글자를 쓰게 되었다.

《여씨춘추》 불구론(不苟論)의 자지편에 있는 이야기다.

진(晋)나라 육경(六卿)의 한 사람인 범씨(范氏)는 다른 네 사람에 의해 중행씨(中行氏)와 함께 망하게 된다. 이 범씨가 망하자, 혼란한 틈을 타서 범씨 집 종을 훔친 사람이 있었다. 그러나 종이 지고 가기에는 너무 커서 하는 수 없이 망치로 깨뜨렸다. 그러자 꽝! 하는 요란한 소리가 났다. 도둑은 혹시 딴 사람이 듣고 와서 자기가 훔친 것을 앗아갈까 하는 생각에 얼른 손으로 자기 귀를 가렸다는 것이다.

이 이야기는 임금이 바른말하는 신하를 소중히 여겨야 한다는 비유로 들고 있다. 자기의 잘못을 자기가 듣지 않는다고 남도 모르는 줄 아는 것은 귀를 가리고 종을 깨뜨리는 도둑과 똑같은 어리석은 짓이란 것을 말하기 위해서였다.

남이 들을까 겁이 나면 자기가 먼저 듣고 그 소리가 나지 않게 하는 것이 현명한 일이다. 바른말하는 신하는 임금의 가린 귀를 열어 주는 사람이므로 소중히 해야 한다.

《여씨춘추》에는 또 위문후(魏文侯)의 이야기를 예로 들고 있다.

위문후가 신하들과 술을 마시는 자리에서 자기에 대한 견해를 기탄없이 들려달라며 차례로 물어 나갔다. 그러자 한결같이 임금의 잘한 점만을 들어 칭찬을 했다. 그러나 임좌(任座)의 차례가 되자, 그는 임금의 약점을 들어 이렇게 말했다.

「임금께서는 중산(中山)을 멸한 뒤에 아우를 그곳에 봉하지 않고 태자를 그곳에 봉하셨습니다. 그러므로 어두운 임금인 줄로 아옵니다」

문후는 무심중 얼굴을 붉히며 불쾌한 표정을 지었다. 그러자 임좌는 급히 밖으로 나가버렸다. 다음에 유명한 적황(翟黃)이 말할 차례가 되었다.

위문후와 임좌

「우리 임금은 밝으신 임금입니다. 옛말에 임금이 어질어야 신하가 바른말을 할 수 있다 했습니다. 방금 임좌가 바른말하는 것을 보아 임금께서 밝으신 것을 알 수 있습니다」

문후는 곧 자기 태도를 반성하고 급히 임좌를 부른 다음 몸소 뜰아래까지 나가 그를 맞아 상좌에 앉게 했다 한다.

❼ 屬耳垣牆(속이원장) 属耳垣墻 엮을 **屬** 귀 **耳** 담 **垣** 담 **牆**

《천자문》에 있는 말이다.

「말을 쉽고 가벼이 함이 두려운 바이고, 담장에도 귀가 붙어 있는 것이라(易輶攸畏 屬耳垣牆)」

군자는 말을 삼간다. 말을 함부로 하면 반드시 실수를 저지르기 때문이다.

「낮말은 새가 듣고 밤 말은 쥐가 듣는다」

언제 어디서라도 듣는 이가 있으니 말을 조심해야 한다는 속담이다. 하지만 군자가 단지 다른 사람들의 시선에 구애받는다는 것은 아니다. 군자는 무엇보다 자기 자신에게 신중하다.

「속이원장」이란 구절은 혼자 있는 자리에서도 신중한 군자의 태도를 말하고 싶었던 것이다.

노자 《도덕경》에 나오는 말이다.

「말이 많으면 자주 곤란한 처지에 빠지니 가만히 지키는 것만 못하다(多言數(삭)窮 不如守中)」

노자는 「다언삭궁」 뒤에 「불여수중(不如守中)」이라는 말을 덧붙

여두었다. 「입 밖에 뱉어내는 것이 속에 두는 것만 못하다는 뜻이 될 것이다.

여기저기서 말들이 넘쳐난다. 자기 목소리를 핏대 높여 외친다. 다들 자기 생각만이 옳다고 부르댄다. 말의 홍수를 이룬다.

그러나 귀담아듣고 성찰할 만한 말들은 눈에 띄지 않는다. 아니 귀에 들리지 않는다. 가시 돋친 날카로운 목소리만이 마음을 할퀴고 지나간다. 지나간 자리에 상처만 남는다.

❽ 朽木糞牆 (후목분장)

朽木糞牆 썩을 **朽** 나무 **木** 똥 **糞** 담 **牆**

썩은 나무는 새기기가 어렵고, 분토로 쌓은 담은 흙손질을 할 수 없다는 뜻으로, 이미 자질이나 바탕이 그릇되었다면 그 위에 가르침을 베풀 수 없다는 말이다.

《논어》 공야장편에 있는 이야기다.

일찍이 공자는 제자인 재여(宰予)를 썩은 나무에 비유하면서 책망한 일이 있었다. 어느 날, 재여가 낮잠을 자고 있는 것을 본 공자는 역정을 내면서 이렇게 말했다.

공자의 제자들

「썩은 나무로는 조

각을 할 수가 없고 분토로 쌓은 담벼락은 흙손질을 할 수가 없다. 재여에 대해서는 뭐라 꾸짖을 나위도 없지 않겠느냐?(朽木不可雕也 糞土之牆 不可杇也 于予與何誅)」

재 여

후목(朽木)은 썩은 나무, 분토지장(糞土之墻)은 거름흙으로 쌓은 담장이란 뜻이다. 이렇게 썩은 나무니 거름흙 담이니 하는 심한 말로 재여를 꾸짖은 것은 공자가 평소 성실하지 못한 재여의 행실을 매우 싫어했다는 것을 알 수 있게 하는 일화다.

공자는 이어서 또 이렇게 말했다.

「전에 나는 그 사람의 말만 듣고 그의 사람됨을 믿었지만, 지금 그의 말도 듣거니와 그의 행동도 보고 있다. 나의 이 같은 태도는 재여 자신 때문에 바뀐 것이다」

재여가 평소 말은 잘했으나 행실이 따르지 못하였기 때문에 공자가 이런 말을 한 것이다. 「후목불가조(朽木不可雕)」라고도 한다.

한편, 《한비자(韓非子)》 현학편(顯學篇)에 다음과 같은 말이 있다.

「담대자우(澹臺子羽)는 군자의 용모라 공자가 보고 이를 취했다. 그러나 오랫동안 함께 있어 보니 행동이 그 용모와 같지 않았다. 재여는 언사(言辭)가 우아하고 문채(文采)로웠다. 공자가 보고 이를 취했다. 하지만 오랫동안 함께 있어 보니 지혜가 그 언변에 미치지 못했다. 그러므로 공자는 『용모로써 사람을 취함은 자우(子羽)에게서 그르쳤고, 언변으로써 사람을 취함은 재여에게서 그르쳤다』 고 했다」

공자의 지혜로도 진상을 잘못 볼 수 있음을 지적하며, 사람의 용모나 말만 듣고 일을 하면 일을 그르치기 쉬우므로 참험(參驗, 이것저것을 아울러 헤아림. 여러 가지를 참고하여 조사함)을 해보아야 한다는 한비(韓非)의 지론을 말한 대목이다.

(*여기에 게재된 모든 고사성어는 명문당 간 《컬러판 고사성어대사전》에서 추록한 것이다.)

— 千字文나무 ⑧ 끝 —

색인

千字文
나무

고사성어가 열리는
천자문 나무 ❽
★
초판 인쇄일 / 2016년 11월 02일
초판 발행일 / 2016년 11월 07일
★
엮은이 / 팬더 컬렉션
펴낸이 / 김동구
펴낸데 / 明文堂
창립 1923. 10. 1
서울특별시 종로구 윤보선길 61(안국동)
우체국 010579-01-000682
☎ (영업) 733-3039, 734-4798
(편집) 733-4748 FAX. 734-9209
H.P. : www.myungmundang.net
e-mail : mmdbook1@hanmail.net
등록 1977. 11. 19. 제 1-148호
★
ISBN 979-11-85704-87-6 04910
ISBN 979-11-85704-48-7 04910 set
★
낙장이나 파본은 구입하신 서점에서 교환해 드립니다.
★
값 12,000원

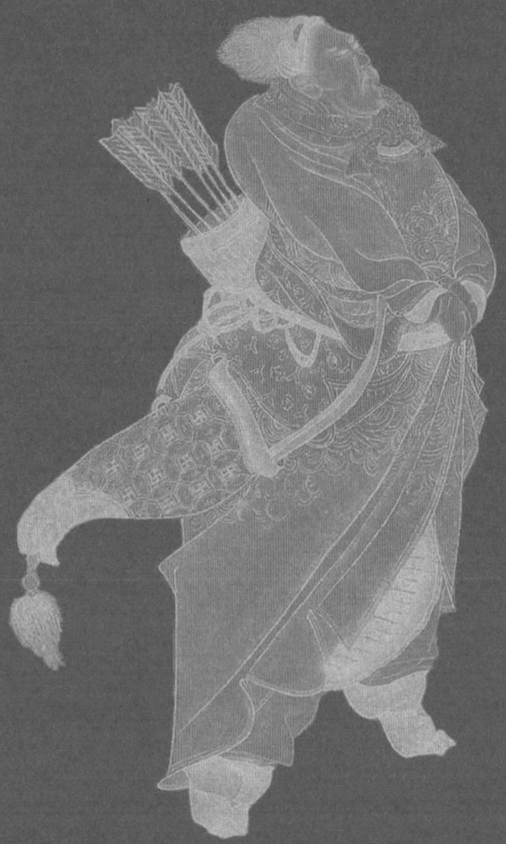

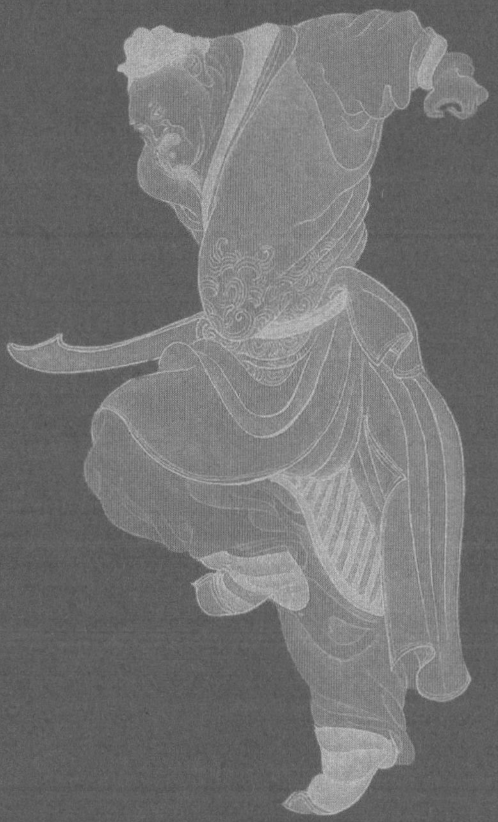